EL VALOR DE LA ESCUCHA

para el buen gobierno

PALABRA

© Jaime Sanz Santacruz, 2023
© Ediciones Palabra, S.A., 2023
  Paseo de la Castellana, 210 – 28046 MADRID (España)
  Telf.: (34) 91 350 77 20 – (34) 91 350 77 39
  www.palabra.es
  palabra@palabra.es

Diseño de portada: Gabriel González-Andrío y equipo editorial
ISBN: 978-84-1368-339-3
Depósito Legal: M-34.298-2023
Impresión: Gohegraf, S.L.
Printed in Spain – Impreso en España

Jaime Sanz Santacruz

EL VALOR DE LA ESCUCHA

para el buen gobierno

dBolsillo

A todos los que quieren aprender
a escuchar con humildad.

– ÍNDICE –

PRÓLOGO

Aunque no es la primera vez que prologo un libro, me ha sorprendido que me lo pidan. No sé qué piensan los autores que añade a su trabajo iniciarlo con unas pocas páginas mías.

En este caso, la sorpresa es aún mayor, ya que Jaime Sanz y yo nos conocemos de hace unos años. En realidad, yo le he escuchado muchas más veces que él a mí. Cómo sacerdote he oído sus homilías y he hablado con él en varias ocasiones, más bien para escucharle que para que me oiga. Por tanto, deduzco que si me ha pedido este prólogo, es porque ha «escuchado» y observado cosas sobre mí. Porque la «escucha» no solo se refiere al trato directo y conversacional. Es, sobre todo, observar lo que pasa alrededor y tomar nota de ello. Eso debe de haber hecho D. Jaime para pensar en mí y se lo agradezco.

Porque, en teoría, como profesor de Dirección de Personas en varios másteres universitarios y programas de dirección, yo debería saber de lo que trata su libro: de escuchar; escuchar como instrumento de dirección. Supongo que el autor ha escuchado sobre mi quehacer profesional y ha decidido que mi opinión sobre su libro sería útil para orientar a sus lectores en el uso del mismo. A eso voy a dedicar estas breves reflexiones.

Después de analizar *El valor de la escucha,* he de decir que debo recomendar su lectura y recomendarla en dos fases.

Lo primero que debe hacer el lector con el libro presentado es leerlo de un tirón, en la medida que su tiempo lo permita. Con ese ejercicio se dará cuenta de que lo que contiene no es solo un tratado de «escucha», sino una concepción completa del «liderazgo», del gobierno de las organizaciones.

Con el concepto de «escucha» se entremezclan los de liderazgo, autoridad, servicio, responsabilidad, gobierno de las organizaciones, humildad, libertad, aceptación de la corrección y cómo hacerla, inteligencia, el arte de pedir perdón, el mando, la obediencia… Y un concepto que para el Departamento de Dirección de Personas del IESE es muy querido; el concepto de UNIDAD.

La unidad es la clave del gobierno de las organizaciones. Cuando hay unidad, no es necesario «obligar» a sus componentes para que hagan lo que se tiene que hacer. Los miembros de las organizaciones que tienen unidad saben y quieren hacer lo necesario para que se cumpla su misión y alcancen sus objetivos.

El autor en el apartado de la unidad establece no solo su importancia, también da consejos sobre cómo conseguirla y mantenerla. En ellos se incluye «la escucha», nada menos que a través de un decálogo contenido en el punto número 12. También describe las ventajas de la unidad y hace una afirmación rotunda: «La unidad expresa la belleza. No solo en el sentido griego de armonía, también en el espíritu cristiano de ser la huella del creador, de Dios». Es algo que yo siempre había barruntado, pero confieso que nunca lo había visto expresado de forma tan clara y definitiva y bella.

Por eso después de una primera lectura del libro recomiendo volver a él de manera más pausada. Subrayar muchas afirmaciones como esa sobre diversos conceptos y anotar los consejos prácticos que contiene. Uno a uno son un tratado de buen gobierno y liderazgo.

Cuando escribo este prólogo resaltan en los medios de comunicación los horrores de la guerra del Estado de Israel con la organización Hamás que gobierna la franja de Gaza. ¿Cuán diferentes serían las relaciones entre israelitas y palestinos si existiera entre ellos «la escucha» y la capacidad de pedir perdón?

Si los gobernantes de uno y otro bando quisieran saber lo que pasa, les recomendaría antes de nada leer a D. Jaime con las dos fases que les propongo a los lectores. Una, la rápida, para darse cuenta de su falta de realismo. Al no escuchar al otro no saben lo que pasa y, por supuesto, lo que puede hacer la parte contraria. La segunda lectura les debía servir para, por ejemplo, saber pedir perdón y saber corregirse y corregir.

Estoy seguro de que la sociedad occidental en que vivimos tiene el perdón como una de sus bases. Es una de sus grandes aportaciones por su naturaleza judeocristiana, con las aportaciones del derecho romano y la filosofía griega. Es una sociedad que superó la ley del Talión (ojo por ojo y diente por diente), una ley que conduce al conflicto infinito. Mientras la ley del perdón es el único camino para romper ese «nudo gordiano» en que se encuentran muchos conflictos irresolubles.

Por eso también me parece un acierto que el libro se inicie con el capítulo: «El modelo es Cristo». Porque Jesucristo introdujo el perdón como parte necesaria para la convivencia o, como diría un creyente: para la salvación. El perdón para lo que otros nos hacen y capacidad de pedir perdón por lo que nosotros hacemos. Y no solo una vez. Muchas veces, como lo recoge D. Jaime cuando hace referencia a la frase del evangelio que dice que hay que perdonar «no solo siete veces, sino hasta setenta veces siete». Es decir, siempre.

Como se ve, el libro no tiene desperdicio, es una de las virtudes de un trabajo tan condensado que no se puede pasar por alto ningún párrafo.

Una última anotación. El escrito contiene muchas referencias de autoridad a diferentes personajes. En eso tiene la virtud de que no son demasiadas y farragosas, sino las convenientes. Son reflexiones que también se deben leer. Porque ninguna de sus páginas tiene desperdicio.

Por todo ello recomiendo tanto la lectura global del libro, como su reflexión pausada. Es un libro que se puede utilizar para despertar la curiosidad sobre el valor de la escucha. Pero también, y muy importante, para usarlo como esos documentos que se llaman «de cabecera». Tenerlo en la mesa de despacho o en la mesilla de noche para, de vez en cuando, repasar sus capítulos. Sobre todo, para los que tengan obligaciones de gobierno.

Querido lector, no puedo menos que felicitarle por tenerlo en sus manos.

José Ramón Pin Arboledas
Profesor emérito del IESE.
Madrid, octubre de 2023

NO NOS GUSTA
ESCUCHAR

Cuando se me ocurrió escribir estas páginas, lo hice con el deseo de que me sirvieran en primer lugar a mí mismo, pues considero que no escucho lo suficiente a los demás. Este reconocimiento público, que en tono de broma me recuerdan los amigos que conocen este proyecto —«¡que no me escuchas!», me dicen con sorna—, es fruto de una comprobación que te pido que hagas tú mismo, lector, y que te remontes a la última conversación interesante que hayas tenido con alguien. ¿Te acuerdas de lo que te dijo? ¿Qué aprendiste? ¿Hubo alguna idea interesante, que después asumiste como propia, en su argumentación?

Las personas necesitamos escuchar a los demás para relacionarnos con normalidad. Lo mismo pasa con las organizaciones. Algunas tienen fama de que los empleados están especialmente a gusto en ellas, porque se sienten escuchados, participan en las decisiones, porque se les consulta con frecuencia.

Toda organización busca ser eficaz para el fin que se propone. A todos los que formamos parte de alguna: la familia, las organizaciones movidas por un ideal, que en adelante llamaremos OMI[1], la parroquia a la que pertenecemos, la empresa para la que trabajamos, una ONG, la asociación de vecinos de la Comunidad, el club deportivo, un partido político... nos gusta que se nos escuche para que formemos parte activa de la misma. Es más, si no contamos nada para los organismos que gobiernan esas estructuras, si no podemos participar en ellos, muy probablemente nos iremos desconectando, hasta llegar incluso a desligarnos completamente.

---

[1] Bruni define las OMI, organizaciones movidas por un ideal, como movimientos o comunidades nacidas de lo que llamaremos carismas. Luigino Bruni, *La destrucción creadora: cómo afrontar las crisis en las organizaciones motivadas por ideales*, Madrid, Ed. Ciudad Nueva, 2019, págs. 15 y 16.

En la sociedad globalizada en la que vivimos, nuestra opinión es cada vez más insignificante y tiene menor influencia en el devenir de los acontecimientos. Los grandes poderes dominan los medios de comunicación y la opinión pública la generan sus propietarios. Hay una dictadura oculta, pero eficaz, que impone lo que se debe decir e incluso pensar o señala lo que hay que legislar. Es muy llamativo comprobar cómo *lo políticamente correcto* marca un estilo de vida, con tal fuerza a veces que anula toda posibilidad de diálogo. Un ejemplo sería el debate que se puede establecer entre los distintos tipos de *familia,* en el que a la familia auténtica que responde a ese nombre, se la denomina «familia tradicional», con lo que se la descalifica para cualquier aportación que pueda enriquecer el intercambio de ideas.

Por otro lado, se nos regalan los oídos con expresiones como *tu opinión nos interesa*, *que hable el pueblo*, *lo importante es la voz de la gente*, *hay que pulsar la calle*, cuando en realidad importa poco el pensamiento verdadero de cada persona singular, sobre todo, si es contrario a los objetivos que determinados grupos de poder se han fijado. Todo se queda en un mero eslogan, y esto sucede, entre otras razones, porque no existe una verdadera cultura de la escucha.

No nos gusta escuchar. Muchas veces nos parece una pérdida de tiempo que resta eficacia a nuestra capacidad de decisión y se ve como un retraso que se imponga la opinión contraria a la de los que mandan. Pensamos que los debates son estériles –palabrería inútil–, porque nublan la verdad con tantas opiniones diferentes y dificultan llegar a un acuerdo. Cada vez es más común, y sucede en más ámbitos, que no se escuche al otro y nuestras oportunidades de decir lo que pensamos son muy escasas. No escuchamos porque escuchar es un lío, «un pequeño lío», como diría un conocido político de este país. Hay que preguntar y cada uno tiene una opinión, pero, aunque nos parezca mucho más eficaz resolver las cosas *tirando por la calle de en medio,* hacerlas como se han hecho siempre y punto, o simplemente porque aquí mando yo, esa decisión no sería acertada.

Cuántas veces nos hemos peleado con una página web en la que era muy difícil adivinar cómo reclamar la devolución del precio de un producto, o plantear una queja. No hay *diálogo* posible y el anonimato se convierte en un maravilloso mecanismo de defensa contra el que no hay posibilidad alguna de luchar, porque no hay nadie con quien hablar al otro lado.

Estamos habituados a resolver las cosas de una determinada manera, que casi siempre es la misma, y que en su día nos resultó eficaz. El paso del tiempo puede hacer inservible ese modo de actuar por haberse quedado obsoleto, porque han cambiado las circunstancias o porque han aparecido otros modos de hacer mucho más eficaces y certeros.

Pongamos un ejemplo de la vida doméstica. Para conseguir que el sábado en una familia haya cierto orden y cada uno no se levante a la hora que le dé la gana, podemos *promulgar un Real Decreto* por el cual quien no esté en la cocina antes de las diez no desayuna. Es un modo de resolver el problema ciertamente eficaz, aunque algo autoritario, pero que a mi juicio es poco motivador y no genera virtud. Si en cambio proponemos un plan que exija estar en funcionamiento antes de esa hora, apuntarse a una actividad extraescolar en esa mañana, un rato de deporte, una excursión familiar, tomar un chocolate con churros en un sitio chulo o el pan reciente que acabamos de comprar, eso hará que todos se levanten pronto porque se quedan *sin el plan o sin el pan* y poco a poco lo empezarán a hacer porque se darán cuenta de que, si no lo hacen, fastidian a los demás. El argumento de autoridad no ha decaído, pero ha sido superado por algo mucho más animante y apetecible, que hace que los hijos sean cada vez menos perezosos, o que, si lo son, al menos sean más conscientes de todo lo que se pierden si se levantan tarde.

A veces, la expresión *te escucho* no deja de ser un mero recurso retórico para alargar una conversación, como cuando hablamos del tiempo con un vecino en el ascensor. Mientras nos hablan, muchas veces estamos pensando en cómo rebatir esa idea, o cómo podemos conseguir que nuestro interlocutor se vaya convencido de que le hemos escuchado, como si nos hubiera interesado lo que nos ha dicho.

Cuando una empresa emergente *(startup)*[2] comienza su actividad, lo primero que se busca conseguir es una idea brillante que ayude a lograr el objetivo que se propone quien la inicia. Después, se busca la financiación y los posibles socios para llevar a cabo el plan de crecimiento y expansión. Y, por último, talento y gente con quienes realizar el proyecto. Quizá el orden no sea exactamente este, pero sí que se suelen dar estos componentes.

En mi trayectoria profesional he tenido oportunidad de trabajar, con responsabilidades de gobierno algunas veces, en el mundo de la comunicación, de la abogacía, de la empresa, de la enseñanza y ahora en el del sacerdocio y la universidad. En todos esos ámbitos, tan variados y diversos, he comprobado lo necesaria que es la escucha en todos ellos y cómo ayuda para hacer bien el trabajo.

Reconozco que, como decía al principio, a mí también a veces me cuesta escuchar. Pero

---

[2] La empresa emergente o *startup* es una empresa de nueva creación que presenta grandes posibilidades de crecimiento y comercializa productos y servicios a través del uso de las tecnologías de la información y la comunicación.

ahora que me estoy esforzando más, he de reconocer que he aprendido muchas cosas de los demás, algunas de las cuales me gustaría compartirlas contigo. Como sacerdote, hace más de 25 años que me dedico *profesionalmente* a escuchar a gente, que en muchas ocasiones no encuentra otro interlocutor con quien poder desahogarse y decir lo que le pasa. Pienso que esta es la mejor experiencia para lo que cuento en estas páginas.

Siempre me he encontrado con gente de la que he aprendido mucho de su manera de trabajar, de su profesionalidad o su talante conciliador, pero los que recuerdo que más me han enseñado son aquellos con quienes cuando hablas con ellos te sientes siempre escuchado. Una persona que te escucha es un tesoro, una especie de *rara avis* en una sociedad tan individualista como en la que vivimos. Creo que merece la pena esforzarse en aprender a escuchar, partiendo de la base de que no somos los mejores *escuchadores del mundo* y tenemos mucho que mejorar en este arte.

Me gustaría decir algo en lo que se refiere al gobierno y al funcionamiento de las organizaciones movidas por un ideal (OMI), a las que anteriormente hacía referencia. Bruni las define como organizaciones nacidas de un carisma, que fue confiado al fundador de esa institución o movimiento. Si en toda corporación es importante escuchar, mucho más en este tipo de organizaciones, donde de lo que se trata es de valores espirituales que hay que transmitir en una sociedad cambiante, alejada de Dios en muchos casos y en la que hay que afrontar continuos retos evangelizadores. A ellas me quiero referir muy especialmente, porque considero que es necesario hacer este ejercicio. Las decisiones que se toman afectan a la interioridad de las personas, a su dimensión espiritual, y tienen una importancia extraordinaria en su vida: no se puede decidir nada sin escuchar antes a quienes forman parte de la organización. Y se suele escuchar poco, todo sea dicho.

Por último, hay que decir que, aunque no nos guste escuchar, la escucha solo conlleva beneficios. Tratar con las personas enriquece nuestro conocimiento de la realidad y mejora nuestros propios puntos de vista con lo que aprendemos de los demás. La escucha favorece el trabajo en equipo y la colaboración, puesto que ayuda a crear buen ambiente entre los compañeros.

Cuentan que san Juan Pablo II convocaba reuniones –solía cenar y comer siempre con algunos invitados– que le podían aportar ideas y a los que escuchaba antes de tomar una decisión sobre alguna cuestión importante o antes de realizar un viaje[3]. Nosotros no deberíamos emprender ninguna iniciativa ni tomar ninguna decisión de cierta trascendencia, sin haber escuchado antes a quienes les pueda afectar. Si preguntamos, involucramos a los que son sujetos pasivos de nuestras decisiones, que sentirán como propias porque han tenido la oportunidad de participar en ellas.

10 ideas sobre la escucha

1. Hacer un breve examen personal y reconocer que cada vez hay menos cultura de la escucha y que, personalmente, cada vez escuchamos menos.
2. Es una necesidad que se reclama, pero que no se aplica, quizá por la inercia de querer hacer las cosas como se han hecho siempre.

---

[3] Vid. Joaquín Navarro Valls, *Mis años con Juan Pablo II. Notas personales*, Barcelona, Planeta, 2023.

3. No escuchar empobrece el gobierno, porque lo priva de las ideas de quienes lo podrían enriquecer.

4. La cultura de la escucha afecta a todos los estamentos y niveles de decisión.

5. Quien gobierna sin escuchar acaba tiranizando, porque la verticalidad en las decisiones hace que quien manda acabe imponiendo su opinión.

6. Escuchar enriquece las propias convicciones.

7. Cuando se escucha, se debe dar razón de las decisiones que se toman, sobre todo si son contrarias al común sentir de los demás y estar abierto a que se puedan cambiar en el futuro.

8. Quien escucha interacciona con el que es escuchado y se establece una comunicación que enriquece y une más a ambos.

9. La capacidad de escuchar tiene que saltar como un resorte que nos lleve a pedir siempre la opinión de los demás: ¿Qué opina fulanito de esto?

10. Tres principios para el buen gobierno: iniciativa, responsabilidad y transparencia. En los tres hace falta la escucha.

Capítulo I
EL BUEN GOBIERNO

1. El modelo es Cristo

Nuestro modelo de humanidad es Jesucristo. Si te fijas en los relatos que recogen los evangelios, Jesús siempre escucha a su interlocutor, aprecia sus cualidades y sus virtudes, comprende mejor que nadie sus circunstancias y resuelve inmediatamente sus problemas. Así es el Señor y así debemos ser cada uno de nosotros con los demás, en los diferentes ámbitos en los que desarrollamos nuestra personalidad.

Algunos ejemplos muy sencillos tomados del evangelio nos enseñan cómo el Señor escucha siempre y cómo podemos nosotros escuchar mejor.

– En el diálogo con la mujer samaritana, lo primero que hace Jesús es pedir a esa mujer que le dé agua. Pide su colaboración y no se retrae cuando aquella le hace ver su diversa condición, porque ella es samaritana y Él, en cambio, es judío. Mantiene el diálogo y escucha a esa mujer que, al principio de modo altivo y después de modo mucho más personal, va contándole su vida y comunicando sus dudas y preocupaciones[4].

Jesús cuenta con su ayuda para poder beber del pozo, y así es como consigue que empiece a hablarle de su intimidad. Si os encontráis con otros, hay que pedir su colaboración, saber qué piensan, contar más con ellos. Solo así se sentirán interpelados y entraremos en un diálogo enriquecedor para ambos, porque les aporta sabiduría y experiencia.

– Cuando el Señor se encuentra con Bartimeo a la entrada de Jericó, Jesús comienza el diálogo diciéndole: «¿Qué puedo hacer por ti?»[5]. Se interesa por el ciego, como se interesa por lo que nos preocupa a cada uno de

---

[4] *Jn 4, 1-45.*
[5] *Mc 10, 51.*

nosotros cada vez que le vamos a ver al sagrario. Este es quizá uno de los pasajes más emocionante de todo el Evangelio. Jesús se interesa por ti, por todo lo tuyo y no eres indiferente para el autor y Señor del mundo.

– Jesús atiende y aprecia los gestos de los amigos del paralítico, que le introducen por el tejado de la casa de Pedro en Cafarnaúm. Dirigiéndose al paralítico, y «viendo la fe de ellos», le dice Jesús: «tus pecados te son perdonados»[6]. Lo que para otros pasaría desapercibido, para Jesús, no, ya que tiene esa sensibilidad de la escucha que le lleva a apreciar cualquier pequeño gesto hecho por amor.

– Los discípulos le piden que atienda al centurión de Cafarnaúm, que es un hombre bueno y que ha contribuido a construir la sinagoga. Aquel le pide a Jesús que cure a su criado, pero no hace falta que entre en su casa, ya que no es judío, pero está convencido de que con sus palabras lo va a curar: «Señor, no soy digno de que entres en mi

---

[6] *Mc* 2, 1-12.

casa. Pero basta que lo digas de palabra y mi criado quedará sano»[7].

Son ejemplos que aportan algunos detalles de cómo escuchaba Jesús que nos pueden servir.

Con la samaritana, Jesús vive una escucha activa, porque le pide a la mujer que haga algo por él y atiende todo lo que ella le cuenta. En el caso de Bartimeo[8], Jesús se pone a disposición de lo que necesita su interlocutor, que lo que desea es ver, como es lógico. Y Jesús cura al paralítico, porque atiende, escucha y se da cuenta de lo que hacen sus amigos por él, que con ese gesto de cariño se lo traen hasta donde está Jesús, superando todas las dificultades, porque quieren que conozca a Jesús para que lo cure[9].

A Nicodemo, a quien le daba vergüenza que el resto de los miembros del Sanedrín se enterasen de que veía con frecuencia a Jesús, le recibía por las noches y le explicaba la fe

---

[7] *Mt* 8, 5-11.
[8] *Mc* 10, 46-52.
[9] *Mc* 2, 3-5.

y atendía a sus interrogantes con paciencia infinita.

> Vino a Jesús de noche y le dijo: «Rabí, sabemos que has venido de Dios como maestro; porque nadie puede hacer estas señales que tú haces, si no está Dios con él». Respondió Jesús y le dijo: «En verdad te digo que quien no naciere de nuevo, no puede ver el reino de Dios». Nicodemo le dijo: «¿Cómo puede un hombre nacer siendo viejo? ¿Puede acaso entrar por segunda vez en el vientre de su madre y nacer?»[10].

Una vez más, aprendemos todo de Jesús. Y una de las cosas que nos enseña Jesús es que escuchar es estar dispuesto a ayudar, a ponerse enseguida en funcionamiento, sin lentitudes que reflejan egoísmo, pereza o comodidad. Escuchar es valorar lo que otros no dicen, pero sí hacen, apreciarlo y agradecerlo. Escuchar es atender las necesidades de los demás sin que nos lo pidan, como hace María en Caná en las bodas de aquellos ami-

---

[10] *Jn* 3, 2-4.

gos[11]. Aprenderemos de Jesús que escucha siempre y a todos y lo hace hasta el final, sin conformarse simplemente «con hacerse una idea», expresión que solemos emplear cuando no pasamos de ahí, escuchar sin *más*.

Dice el Papa Francisco, hablando precisamente de esto:

> ¿Por qué esta oposición? Porque, estos hablan, hacen, pero les falta otra actitud, que es precisamente la base, que es precisamente el fundamento de hablar, de hacer: les falta escuchar. En efecto, Jesús continúa: El que escucha estas palabras mías y las pone en práctica... Por lo tanto, el binomio hablar-hacer no es suficiente, incluso puede engañar. El binomio correcto es otro: es escuchar y hacer, poner en práctica. De hecho, Jesús dice: «El que escucha estas palabras mías y las pone en práctica se parece a aquel hombre prudente que edificó su casa sobre roca. Cayó la lluvia, se desbordaron los ríos, soplaron los vientos

---

[11] Cfr. *Jn* 2, 1-11.

y descargaron contra la casa; pero no se hundió, porque estaba cimentada sobre roca». En cambio, el que escucha estas palabras mías y no las hace suyas, las deja pasar, o sea, no escucha verdaderamente y no las pone en práctica, será como aquel hombre que edificó sobre arena[12].

Poner en práctica supone también incorporar la escucha a nuestro modo de hacer. Tenerlo presente casi como un instinto, como algo que nos sale natural. Escuchamos por sistema, como manera de relacionarnos con los demás.

Si nos fijamos en Cristo, aprenderemos a escuchar a los demás, a no tener nunca prisa para pararnos con la gente. Seremos una de esas personas con quien a uno le gusta encontrarse, porque parece que ese rato es lo más importante que les ha pasado en ese día, que nunca tienen prisa y escuchan con agrado.

---

[12] Papa Francisco, *Misas matutinas en la capilla de la Domus Sanctae Marthae*, 25 de junio de 2015.

Si Jesús escuchaba a todos, ¿cómo no vamos nosotros a escucharle a Él, bien directamente o a través de otras personas? Y nos habla con frecuencia por medio de quien necesita ser escuchado, de quien nos pide una palabra de cariño o de consuelo, de quien está necesitado de un rato de compañía que nosotros podemos dar.

2. *Otros ejemplos*

Cuenta Fernando Ocáriz a la muerte de Benedicto XVI, que:

> cuando comencé a colaborar como consultor de la Congregación para la Doctrina de la Fe, me llamó la atención su disponibilidad para escuchar a todos. Tuve la oportunidad de estar a solas con él en bastantes ocasiones, tanto por asuntos de la Congregación como por otras cuestiones. En esos encuentros nunca era él quien daba por terminada la conversación o hacía notar que le esperaban otros asuntos. Edificaba percibir la gran consideración que le merecían las opiniones de los demás,

aunque en ocasiones fueran distintas a las suyas. Se le podían exponer con toda tranquilidad pareceres contrarios y no se molestaba, a pesar de que vinieran de un interlocutor de menor edad, preparación o experiencia. Lo que realmente le importaba era la verdad; así llevaba grabada en su lema episcopal unas palabras de san Juan: *Cooperatores veritatis (3 Jn 8)*[13].

Todo un ejemplo de cómo debemos vivir la escucha, contado por uno de los colaboradores de Benedicto XVI, cuando era el Prefecto de la Congregación para la Doctrina de la Fe. Escuchar hasta el final, valorar las opiniones de los demás, buscar la verdad, sin que nos moleste que otros piensen diferente. Tres pasos de todo un gigante y que facilitan siempre el trabajo, suscitan la admiración al superior entre los subordinados y hacen muy eficaz y valiosa la colaboración de todos.

---

[13] Fernando Ocáriz, *Mensaje con motivo del fallecimiento de Benedicto XVI*, de 31-XII-2022.

Abordaremos más adelante el modo de gobernar con horizontalidad[14], que es un modo de servir con el gobierno y que no se limita a una técnica –aprobación por mayoría de las decisiones–, sino que es un estilo aplicable a todos los estamentos decisorios en una organización.

San Josemaría Escrivá, fundador del Opus Dei, nos ha dejado muchas enseñanzas sobre este tema en sus escritos y homilías. Permíteme compartir contigo alguna de ellas:

En la meditación, escuchamos al Señor que nos habla a través de las páginas del Evangelio y de las inspiraciones que nos envía su Espíritu. Escuchamos para conocer mejor a Jesucristo, para amarlo más y para seguirlo más de cerca. Yo te aconsejo que, en tu oración, intervengas en los pasajes del Evangelio, como un personaje más. Primero te imaginas la escena o el misterio, que te servirá para recogerte y meditar. Después aplicas el entendimiento, para considerar aquel rasgo de la vida del Maestro: su Corazón enternecido, su humildad,

_____
[14] Capítulo 1.7, pág. 57.

su pureza, su cumplimiento de la Voluntad del Padre. Luego cuéntale lo que a ti en estas cosas te suele suceder, lo que te pasa, lo que te está ocurriendo. Permanece atento, porque quizá Él querrá indicarte algo: y surgirán esas mociones interiores, ese caer en la cuenta, esas reconvenciones[15].

3. No tienen por qué gobernar los mejores, pero tampoco los mediocres

Cuando los que ocupan puestos de responsabilidad en una organización *no sirven con su trabajo a los demás, pueden acabar sirviéndose de los demás.* Pasan a formar parte del *grupo de los gobernantes mediocres.* El gobierno de los mediocres puede tener consecuencias terroríficas para cualquier institución.

Hay varios males que los mediocres pueden provocar, que, sin ánimo de ser exhaustivo, paso a enumerar:

— En primer lugar, generan desconfianza en los gobernados. Una persona que se *re-*

---

[15] S. Josemaría, *Amigos de Dios*, n. 253.

viste de una autoridad que no tiene, porque no se la gana sirviendo, no es fuente de confianza para los gobernados. En una familia, la autoridad no se logra a base de bocinazos ni de someter a los demás miembros de la familia, sino a base del prestigio de servir: ¡si sirves, ganas! Con fulanito se puede contar siempre porque nunca dice *que no puede*.

En las OMI sucede lo mismo. La autoridad –y por tanto la confianza– no se consigue a base de privilegios, sino escuchando a todos y estando disponible –¡de verdad!– para servir a todos en cualquier momento. Es más: quien ocupa algún cargo de responsabilidad es muy bueno que como muestra de confianza renuncie a privilegios y busque siempre una cercanía real con el resto de los miembros de la organización.

S. Martín de Porres, santo peruano, lo explicaba con el ejemplo del perro, el gato y el ratón que juegan juntos y a los que él alimentaba sin que hubiese el más mínimo conato de pelea. El perro podría representar a los más ricos, con mejor posición social o una mayor formación. El gato y el ratón, a los que son más desfavorecidos, con menos formación y escasos recursos.

— En segundo lugar, el gobierno de los que se revisten de mediocridad no es eficaz. Como velan exclusivamente por demostrar su valía, por aferrarse al cargo de responsabilidad que ostentan, nunca tomarán ninguna resolución audaz, que suponga cierto riesgo, porque ellos no la controlan. Dejarán muchas cosas sin resolver, para no tener que tomar partido por ningún bando y, así, mantener una distancia equitativa con todos y no caer mal a nadie. Inmenso error que incrementa de modo notable su ineficacia: ¡nunca resuelven nada!

— Por último, los mediocres no escuchan, porque complica mucho sus decisiones, ya que piensan que al estar revestidos de una autoridad infalible, de la que gozan por el mero hecho de regentar el cargo que ostentan, no necesitan de otras ideas distintas a las suyas. Escuchar implica tener la intención de cambiar las propias decisiones, dando la razón a los demás, sin que eso suponga una pérdida de autoridad.

A este modo de pensar se puede llegar, creyendo que uno es mejor que el resto por el hecho de ejercer algún cargo de gobierno en una institución. Como si los elegidos para gobernar fueran siempre los mejores, cuando no tiene por qué ser así. Ni el gobierno se confía a los mediocres, ni los mejores son siempre los que ocupan esos puestos. ¿Y entonces? Gobiernan los que gobiernan, que pueden ser mejores o peores que el resto, pero que ejercen esa responsabilidad de servicio durante un tiempo en el que procuran hacer las cosas del mejor modo posible. Ni buenos, ni malos. Ni muy listos, ni muy tontos. Al que le toca, sirve a los demás de ese modo, contando con su ayuda.

El problema de fondo siempre está en no concebir la autoridad como un servicio, sino como un honor, derivado de poseer unas cualidades o méritos superiores a los del resto. Gobernar siempre es servir. Vamos a verlo con calma.

4. *La autoridad es servicio*

Entender esta máxima es de capital importancia para ejercer cualquier tarea de gobierno con rectitud. Los que mandan, sirven a los demás, como hacen una madre o un padre de familia que se levanta el sábado para llevar a su hijo al partido de fútbol, que suele ser siempre a primera hora de la mañana.

Cuando una organización tiene que elegir a los que van a desempeñar sus cargos de gobierno, quienes los designan, si es que no son elegidos por el resto de los miembros, deben pensar en primer lugar en toda la organización en su conjunto. Si quito a este de este puesto, debo poner a este otro y si era una persona eficaz, casi insustituible, debo poner a alguien que tenga cualidades similares. Es un *encaje de bolillos* que no siempre sale bien. Por eso quienes gobiernan deben ser conscientes de que están ahí, casi siempre por carambola y no por gozar de cualidades extraordinarias, porque pueden cometer errores y aciertos por los que deberán pedir perdón y rectificar en cuanto puedan. Y están por un tiempo, procurando tener siempre en cuenta lo que hicieron quienes los precedieron, y procurando dejar el trabajo sencillo y fácil para los que vengan después.

Perpetuarse en posiciones de gobierno dentro de una organización nunca es recomendable porque se corre el riesgo de considerarse propietario del cargo —nadie lo sabe hacer mejor—, con cierta tendencia a la tiranía y a hacer las cosas a su modo, sin tener en cuenta que se gobierna para servir a los demás y por tanto habrá que escuchar al resto y pedir su colaboración. Se pierde de ese modo la frescura de lo que otros puedan aportar, a medida que van accediendo por un tiempo a esas responsabilidades.

Hace casi 30 años escribí mi tesis en derecho canónico sobre la potestad del obispo en el ámbito de su diócesis. Comentaba en ese trabajo el canon 383 del Código de Derecho Canónico[16], donde decía a modo de conclusión, lo siguiente:

---

[16] 383 § 1. *Al ejercer su función pastoral, el Obispo diocesano debe mostrarse solícito con todos los fieles que se le confían, cualquiera que sea su edad, condición o nacionalidad, tanto si habitan en el territorio como si se encuentran en él temporalmente, manifestando su afán apostólico también a aquellos que, por sus circunstancias, no pueden obtener suficientemente los frutos de la cura pastoral ordinaria, así como a quienes se hayan apartado de la práctica de la religión.*

§ 2. Si hay en sus diócesis fieles de otro rito, provea a sus necesidades espirituales mediante sacerdotes o parroquias de este rito, o mediante un Vicario episcopal.

§ 3. Debe mostrarse humano y caritativo con los hermanos que no estén en comunión plena con la Iglesia católica, fomentando también el ecumenismo tal y como lo entiende la Iglesia.

Estamos ante una realidad que presenta un marcado carácter mistérico. Quien aparece como el primero, quien está revestido de autoridad, debe ser y se debe considerar como último. El mayor debe ser el servidor de todos; el que preside sirve a todos. No es este pensamiento el talante de los poderosos ni de los organismos de autoridad existentes en las instituciones humanas. Aunque esto no diferencia ambas realidades, autoridad humana de autoridad espiritual, sino que al contrario las debe asemejar, pues cuanto más similar sea el poder humano al espiritual, más eficaz será y mejor servicio prestará la autoridad a las personas a las que sirve[17].

La tesis que defendía era que este, al igual que otros artículos del Código, eran tan im-

---

§ 4. *Considere que se le encomiendan en el Señor los no bautizados, para que también ante ellos brille la caridad de Cristo, de quien el Obispo debe ser testigo ante los hombres.*

[17] Jaime Sanz Santacruz, *La función pastoral como servicio. Una lectura constitucional del c. 383 del CIC de 1983*, Roma 1997, págs. 91-92.

portantes por su contenido, que se podía entender que gozaban de rango constitucional, equiparando su categoría dentro del propio Código a la de la legislación suprema de un Estado.

Se entiende que la función pastoral del Obispo, tanto con los fieles de su diócesis, como con los que no lo son, o incluso con los que no están bautizados, es un servicio que aquel debe prestar solícitamente. Si esto se olvidase, la función de gobierno se desnaturalizaría.

El respeto por el trabajo de quienes mandan en una institución no puede ejercerse con una obediencia ciega, sin criterio, indiscutible porque no admite pareceres contrarios, ni críticas, que se entenderían como desobediencia y falta de unidad. Si se llega a esos extremos, es porque los que gobiernan lo hacen mal, entienden que se encuentran en una situación de privilegio por gozar de unas cualidades especiales, superiores al resto por razón del cargo que ocupan. Es como si se tratase de una *casta* más alta que la del resto de los miembros de esa organización.

Dice Luigino Bruni a este respecto:

El gran medio para eliminar la vulne-rabilidad en las comunidades siempre ha sido la inmunidad. (...) Si no quiero resultar herido por la relación contigo, debo impedirte que me toques, debo construir un sistema de relaciones que evite cualquier forma de contaminación. La inmunidad es la no exposición al roce del otro. La *immunitas* es la negación de la *communitas*. Todas las sociedades inmunitarias son radicalmente jerárqui-cas, porque aumentan la distancia hori-zontal y vertical entre las personas para evitar el contacto y así poder gestionar-las y orientarlas según sus fines. Como no se tocan entre ellas, las sociedades de castas conocen poca creatividad e inno-vación, pues la biodiversidad es la que tiene la capacidad de engendrar [18].

Esta concepción del poder llevará a gober-nar mal, en primer lugar, a no contar con la colaboración de aquellos sobre los que man-dan o, como deberíamos decir, sobre los que

---

[18] Luigino Bruni, *op. cit.*, págs. 37 y 38.

sirven con su función de gobierno. Si esto no se entiende así, el gobierno se corrompe porque se desnaturaliza su razón de ser, y se convierte en un despotismo o en algo totalmente inútil y perfectamente prescindible.

Si esto sucede en una organización empresarial, imaginemos la importancia que adquiere en una OMI, en la que los fines son netamente espirituales. No es suficiente con presumir la buena intención de quienes ejercen esas funciones. Ese deseo de hacerlo bien debe ir acompañado de un trabajo eficaz, colaborativo, dotado de una cercanía propia de quien está ayudando a los demás y de una labor importante de escucha, que ayudará a mejorar su trabajo de gobierno y hacerlo con los demás.

A este respecto me parecen muy significativas las palabras que dirigió san Pablo VI a la Organización de Naciones Unidas en el año 1965: «Quien os habla es un hombre como vosotros; es vuestro hermano, incluso uno de los más pequeños de entre vosotros que representáis a Estados soberanos (...). De hecho, no tenemos nada que pedir ni ninguna cuestión que plantear. Tan solo un deseo que formular, un permiso que solicitar: el de poderos servir en lo que es de nuestra competencia, con desinterés, humildad y amor»[19].

Esta es la actitud que debería tener todo gobernante y con mayor razón en una organización con fines espirituales: Servir a sus hermanos y a todos los hombres desde ese puesto de responsabilidad que ostenta.

La tentación del aislamiento, de no contar con los gobernados, *porque para eso ya estamos los gobernantes*, es un error mayúsculo, que hace grupo aparte a los que gobiernan y los desconecta de los problemas y de sus posibles soluciones, que serán por lo general desacertadas.

Pensar que no se debe comunicar información ni fundamentar las decisiones que se adopten ni compartir con transparencia los datos que las justifican, pienso que es otro error, porque, quizá sin pretenderlo, se tacha de inmaduros a los gobernados y puede acarrear su alejamiento de la institución.

---

[19] S. Pablo VI, Discurso ante la Organización de Naciones Unidas el 4 de octubre de 1965. En *Acta Apostolicae Sedis*, n. 57, 1965, 877-878.

El *orgullo de marca* del que se habla en la ciencia del *marketing* es muy importante y, cuando no se da, puede deberse a un problema de gobierno en la organización. Hemos de sentir orgullo por los que nos gobiernan, apoyarles y estar unidos a ellos porque compartimos sus decisiones, nos sabemos escuchados, conscientes de que cada uno en su puesto sirve a la organización de la que forma parte.

Cuando vemos esa concepción del poder como servicio en los que mandan, uno se identifica con la organización a la que pertenece. Se trata de un orgullo bueno porque se construye entre todos, que hoy se encuentran en una posición y mañana en otra distinta dentro de la normal rotación de funciones.

5. *Humildad real y no como pose*

Por el cargo que ostentamos en la organización no podemos considerarnos *intocables*[20]. Pensaríamos que lo somos, si por

---

[20] Los *dalit* o «intocables» son los miembros más pobres y discriminados de la sociedad india. En un sistema de castas que aún pervive, las personas que nacen *dalit* mueren con esa condición. Viven en condiciones de po-

ejercer un cargo de representación, no nos abajamos a rozarnos con los demás, nuestras opiniones casi gozan de infalibilidad y nuestra experiencia es superior a la del resto por el puesto que ocupamos.

Tampoco nos sirve pensar que basta un barniz de abajamiento, de diálogo con los gobernados, o una cierta cercanía aparente y paternalista y con eso ya se cubre el expediente de humildad necesario para poder gobernar con dignidad.

La autoridad se ejerce siempre con humildad auténtica, con el convencimiento profundo de que ocupamos un cargo de responsabilidad no por ser mejores que los demás, sino por las diversas circunstancias que nos han llevado hasta ese puesto. No somos personas que nos hemos ganado estar arriba por estar mejor preparadas, sino que nos toca hacerlo

---

breza extrema y sufren una gran desigualdad económica y discriminación social. En este caso sería aplicable a otras castas la condición de los gobernantes, como a los brahmanes (sacerdotes e intelectuales), los *Kshátriyas* (guerreros y gobernantes), los *Vaishyas* (comerciantes y artesanos) y los *Shudras* (campesinos y trabajadores). Pero la filosofía cristiana recuerda que todos somos hijos de Dios, iguales a nuestros iguales.

y debemos apoyarnos en todos para ejercer esa función con eficacia y acierto.

Al *humildico*, quien ejerce esa humildad falsa, se le reconoce enseguida y se descubre pronto que ese gesto humilde en la apariencia es mera pose. Quien aparenta *coleguismo*, cercanía a los subordinados, pero a la hora de la verdad, lo que opinen o cómo hagan ellos las cosas le da igual, no tiene una actitud sencilla, y eso salta a la vista de todos. Es muy difícil que su trabajo llegue a ser eficaz si no hace caso de los consejos y sugerencias que recibe; si no pide de modo habitual la opinión de quienes trabajan para él o si no confía en la experiencia de quienes le han precedido.

Quien minusvalora o menosprecia —dos palabras compuestas y muy interesantes— a los subordinados no sabe gobernar y llevará la organización a la ruina. Valorar menos o depreciar el valor de las personas suele ser habitual en los gobernantes mediocres, porque tienen miedo de que aquellos que ocupan puestos de menor relevancia puedan ocupar el que ellos ostentan en el presente. Por eso suelen rodearse de gente incapaz, o a la que tienen *atada en corto*, en cuanto a las iniciativas o a las responsabilidades que les puedan confiar.

Un buen gobernante sabe valorar a los que colaboran con él y por eso les pregunta, cuenta con su parecer y aprende de sus modos de hacer. Cuando es posible, los asciende a puestos de mayor responsabilidad, forma a sus subordinados, y nunca tiene miedo de que sepan más que él. Tiene una relación estrecha con ellos, no es distante ni altivo y huye de prebendas y privilegios, que le distanciaría de los demás. Es consciente de que su aportación y el puesto que ocupa es temporal, y que, mientras dure, sirve a la organización a la que pertenece y no se considera imprescindible. Es más: buscará no serlo, para que la institución se mantenga en constante dinamismo y los que la dirigen no sean nunca un impedimento para el desarrollo de esta.

Dice el Papa que quien solamente habla y hace no es un verdadero profeta, no es un verdadero cristiano y al final se derrumbará todo, porque no está anclado sobre la roca del amor de Dios. En cambio, uno que sabe escuchar y tras escuchar hace, con la fuerza de la palabra de otro, no de la suya, permanece firme como la roca y aunque sea una persona humilde, que no parece importante, es grande. Y ¡cuántos de estos grandes hay en la Iglesia! ¡Cuántos obispos grandes, cuántos sacerdotes grandes, cuántos fieles grandes hay que saben escuchar y tras escuchar hacen![21].

Tenemos que aprender de la grandeza de los humildes, que saben materializar en su modo de gobernar la virtud que les adorna. ¡Cómo se nota cuando quien gobierna lo es!

6. *El gobierno no es infalible: hay errores*

Solamente un necio no reconoce sus errores. Como dice Cicerón «de todos es errar; solo del necio, perseverar en el error»[22]. La persona que no reconoce sus fallos o persevera en ellos demuestra falta de inteligencia.

---

[21] Papa Francisco, *Misas matutinas en la capilla de la Domus Sanctae Marthae*, 25 de junio de 2015.

[22] Cicerón en *Filípicas* XII. 5: *Cuiusvis hominis est errare: nullius nisi insipientis, perseverare in errore.*

Muchas veces nos encontramos con personas que no se dejan corregir, a las que nadie puede decirles nada acerca de sus errores, porque los niegan sistemáticamente. *¿Cómo me voy a equivocar?* Con este tipo de gente es imposible trabajar, es complicado entablar cualquier tipo de diálogo porque nunca reconocerán sus equivocaciones.

El gobierno infalible no existe y cuando en la Iglesia se habla de infalibilidad, para que ese dogma pueda aplicarse a una decisión de gobierno o a una concreta doctrina, los requisitos que se piden son exigentes y precisos[23]. Hay que contar además para este fin

---

[23] Concilio Vaticano I, Constitución dogmática *Pastor Aeternus*, Capítulo 4: Sobre el Magisterio infalible del Romano Pontífice: *El Romano Pontífice, cuando habla ex cathedra, esto es, cuando en el ejercicio de su oficio de pastor y maestro de todos los cristianos, en virtud de su suprema autoridad apostólica, define una doctrina de fe o costumbres como que debe ser sostenida por toda la Iglesia, posee, por la asistencia divina que le fue prometida en el bienaventurado Pedro, aquella infalibilidad de la que el divino Redentor quiso que gozara su Iglesia en la definición de la doctrina de fe y costumbres. Por esto, dichas definiciones del Romano Pontífice son en sí mismas, y no por el consentimiento de la Iglesia, irreformables.*

con el auxilio del Espíritu Santo, que no se da en otro tipo de organizaciones.

El resto de los mortales, también en los actos de gobierno, por muy democráticos y horizontales que parezcan, somos falibles y nos podemos equivocar y debemos reconocer el daño que provocan nuestras decisiones, rectificarlos si se puede y pedir perdón.

Pocas veces se puede ver que un gobierno de un Estado pida públicamente perdón por un error cometido. No es habitual reconocer los propios errores. Muchas veces se camuflan, cuando no se esconden con mentiras que tratan de enmascararlos, aunque la verdad siempre acabe saliendo a la luz.

Así es justo que, mientras el segundo milenio del cristianismo llega a su fin, la Iglesia asuma con una conciencia más viva el pecado de sus hijos recordando todas las circunstancias en las que, a lo largo de la historia, se han alejado del espíritu de Cristo y de su Evangelio, ofreciendo al mundo, en vez del testimonio de una vida inspirada en los valores de la fe, el espectáculo de pensar y actuar que eran verdaderas formas de antitestimonio y de escándalo. La Iglesia, aun siendo santa por su incorporación a Cristo, no se cansa de hacer penitencia: ella reconoce siempre como suyos, delante de Dios y delante de los hombres, a los hijos pecadores. Afirma al respecto la *Lumen Gentium*: «La Iglesia, abrazando en su seno a los pecadores, es a la vez santa y siempre necesita de purificación, y busca sin cesar la conversión y la renovación»[24].

7. Horizontalidad

La colegialidad (horizontalidad) no es solo ni principalmente un método o sistema de funcionamiento para la toma de decisiones; es, ante todo, un espíritu, enraizado en el convencimiento de que todos podemos y necesitamos recibir de los demás luces, datos, etc., que nos ayuden a mejorar y aun a cambiar de opinión. A la vez, esto lleva consigo precisamente el respeto –es más, la positiva promoción– de la libertad de los demás, para que puedan exponer sin dificultad alguna sus puntos de vista[25].

---

[24] S. Juan Pablo II, *Tertio millennio adveniente*, n. 33.
[25] Fernando Ocáriz, *Carta Pastoral de 9 de enero de 2018*, n. 13.

En una familia hay que calcular muy bien los gastos y tener un *fondo de reptiles* preparado para cualquier eventualidad. No se puede llegar a mitad del mes y quedarse sin dinero por haber calculado mal los gastos.

En el gobierno de las organizaciones movidas por un ideal (OMI), sucede lo mismo. No cabe improvisar, apelando al carisma y a la buena intención de los que trabajan por sacarlo adelante; se requiere rigor y profesionalidad, buenas prácticas para la toma de decisiones. La chapuza, decidir sin tener en cuenta la opinión de aquellos a los que les afecte esa disposición, es mal gobierno, por muy buena intención que se ponga. Si acarrean errores, habrá que rectificar, reparar el daño causado y procurar que no vuelva a suceder.

8. *Con libertad*

Se habla de *libertad de espíritu* para referirse a la posibilidad de moverse con entera libertad dentro de unos paradigmas que conforman un modo de hacer o un carisma concreto. Saber aplicar esos principios e ideas a las circunstancias y a los tiempos en los que cada uno se mueve, adaptándolos a los modos de ser y a las formas de comprensión de las personas que los reciben.

San José no vuelve a vivir a Jerusalén porque gobierna Arquelao, hijo de Herodes, y prefiere la tranquilidad de Nazaret para establecerse allí antes que someterse a los peligros que supondría volver a Jerusalén. Se mueve con libertad dentro de los planes divinos. Tiene esa libertad de espíritu, porque pone iniciativa en las indicaciones del enviado de Dios[26].

Una persona que se desenvuelve sin ataduras de rigideces y formas de hacer estáticas adquiere una fidelidad que especialmente en las organizaciones carismáticas o de ámbito espiritual puede tener un gran dinamismo. La falta de soltura para moverse dentro de una organización suele ir acompañada de ausencia de iniciativa: si las circunstancias se salen de lo previsto, ya no se sabe cómo actuar, no queda margen para la improvisación y eso se presta al inmovilismo, a tener que aplicar soluciones obsoletas que ya no sirven para resolver los problemas. Nadie

---

[26] Cfr. *Mt* 2, 13-15 y 19-23.

hace nada hasta que *el de arriba* nos diga qué tenemos que hacer. Todo se pregunta y para todo se pide autorización. Nada se lleva a cabo sin un permiso expreso de quien está por encima en la cadena de mando, con lo que se anula la responsabilidad personal.

Recuerdo un consejo que me dio una vez un alto cargo eclesiástico: *nunca esperes de los de arriba algo que puedas hacer tú.* No he visto mejor modo de fomentar la iniciativa, y además dicho por alguien que sabía de lo que hablaba.

Lo que se consigue con estructuras rígidas de gobierno es una parálisis progresiva y que poco a poco va matando la institución, por la inacción de quienes la componen. Si encima esto viene refrendado por *toques de atención* ante posibles errores o desviaciones en los modos de hacer preestablecidos, al gobernado le quedan muy pocas ganas de arriesgarse a ser corregido y recibir una reprimenda por haber sido demasiado audaz en su iniciativa.

Nadie emprende nada si la decisión no viene de arriba y esa parálisis convierte el gobierno en dañino y paralizante.

En el seno de una familia, si los hijos mayores no contribuyen ni colaboran, porque nunca se les ha pedido ni se les ha formado en la iniciativa, los padres se cansan de tirar del carro y los hijos tendrán una actitud pasiva y de poca colaboración. En esa familia algo no funciona y con el paso del tiempo la brecha se irá agrandando si no se corrige a tiempo y se pide colaboración a todos.

El miedo a equivocarse amordaza, priva de espontaneidad a los que emprenden y ensalza al cumplidor, que no suele hacer nada por sí mismo, que no sea ejecutar una orden o cumplir con un protocolo.

La libertad en el gobierno, en cambio, lleva a quien la vive a estar con los tiempos, para tener en cuenta las mentalidades de los que forman parte de la organización, los modos de pensar adecuados a su edad y a la formación que han recibido y a buscar siempre –poniendo todos los medios– la mejor solución posible. Se confía en las personas, y los gobernados confían en quienes les gobiernan.

Entre esos medios está el de la escucha, que puede aportar soluciones mucho mejores a las que nosotros teníamos pensadas.

Hemos de tener la libertad suficiente para resolver los asuntos a nuestra manera, aunque sea de un modo diferente a como hasta ahora se han resuelto y preguntar a los demás cómo lo harían ellos, estando dispuestos a cambiar la solución prevista por otra diferente.

9. *La variedad enriquece*

La igualdad provoca monotonía. Si todos pensaran lo mismo, vistieran del mismo modo, tuvieran gustos parecidos, se rieran con las mismas gracias, o emplearan expresiones parecidas, la vida sería tremendamente aburrida.

La variedad enriquece y ayuda a reconocer con humildad lo que los demás hacen bien y tienen de bueno, mejorando incluso lo propio. Fomentamos la variedad cuando nos admiramos de lo bueno que tienen los demás y ese asombro contribuye también a mirar lo nuestro con humildad e incluso a valorarlo más.

Cuando uno piensa diferente y escucha otros puntos de vista, las cosas se ven de otro modo, con ópticas enriquecedoras, que pueden ayudar a tener una visión más completa de los asuntos que, se estudian. Es muy característico que, en los debates electorales, los políticos respondan a las preguntas de sus oponentes con el discurso que tenían previsto de antemano colocar, lo que hace inútiles esas intervenciones y preguntas. *A propósito de lo que me preguntas...* y dicen las ideas que traían preparadas.

Hay que confrontar la propia opinión, preguntar al que piensa distinto y escucharle hasta el final. Poner en común las cuestiones nos ayuda a descubrir aspectos desconocidos, puntos de vista novedosos y llegar a mejores soluciones, compartidas por más personas. El que no pregunta ni pide la opinión a otros, empobrece su capacidad de gobernar con eficacia y se aleja de la realidad, porque se queda atrapado por su propio pensamiento. Esa es la diferencia entre un buen gobernante de alguien que no lo es.

Creo que hay que perder el miedo a escuchar opiniones contrarias a la nuestra, e incluso compartir modos de vida y maneras de afrontarla muy diferentes. La riqueza está en la diversidad. No debemos dejarnos condicionar por opiniones preconcebidas e intocables.

Mira lo que dice Ocáriz sobre la amistad, aplicado a este terreno de la variedad de opiniones: «La amistad verdadera supone también un esfuerzo cordial por comprender las convicciones de nuestros amigos, aunque no lleguemos a compartirlas ni a aceptarlas. De este modo, nuestros amigos nos ayudan a comprender maneras de ver la vida que son diferentes a la nuestra, enriquecen nuestro mundo interior y, cuando la amistad es profunda, nos permiten experimentar las cosas en un modo distinto al propio»[27].

Hay que perder el miedo a la diversidad, a escuchar pareceres diversos, a contrastar nuestra vida con visiones diferentes de la existencia. Si nos encerramos en un estilo de vida concreto, para no perder nuestra identidad, la empobreceríamos de tal manera que

---

[27] Fernando Ocáriz, *Carta Pastoral de 1 de noviembre de 2019*, n. 8.

enseguida se quedaría anticuada y fuera de la realidad. Vivir en el mundo supone compartir ideales y abrir la mente a diferentes modos de pensar, entre otras cosas, para que podamos compartir nuestros propios ideales con los de los demás.

10. *Sin miedo a que nos corrijan*

El miedo a equivocarse suele estar muy presente en los modos de hacer inmovilistas y de mal gobierno. Cuando en la economía se desata el temor, la gente no invierte y los mercados se paralizan, el capital no fluye y se guarda, porque el dinero siempre tiene miedo.

A veces no se piensa lo suficiente para buscar la solución más acertada por el miedo a equivocarse. Eso entorpece las relaciones, ralentiza mucho el desarrollo de las cosas y paraliza la capacidad de iniciativa: esclerotiza la institución.

El error es ciertamente una situación molesta, porque ante una equivocación siempre hay que procurar rectificar, reparar el daño que se haya podido causar y hacer de nuevo ese trabajo. Si no fuéramos capaces de vencer el miedo, nunca haríamos nada diferente y la vida no avanzaría en ninguno de sus campos. Pensar lo mejor, buscar soluciones, escuchar opiniones diversas, ver cómo lo han resuelto otros, trabajar en equipo, son algunos de los medios que podemos poner para vencer entre todos el miedo a equivocarse.

A veces hay miedo a la corrección, a la bronca y al enfado del superior, que puede acarrear represalias. Ante esto, quien se mueve en terreno pantanoso no quiere pisar arenas movedizas, y va a lo seguro. Esto sucede cuando los que corrigen lo hacen con exceso, toman represalias contra los que cometen los errores y no tienen piedad ninguna a la hora de aplicar el castigo conveniente. Esto nunca puede ser bueno, ni es cualidad que adorna al buen gobernante.

Recuerdo una madre que además era profesora. Sus hijos estudiaban en el colegio en el que ella daba clase y llegaban casi todos los días tarde y además enfadados, y por más broncas que echaba a sus hijos, no conseguían salir puntuales. Se le ocurrió la idea de que, si llegaban diez días pronto a clase, haría una merienda con la *tarta de la abuela* que era la que más gustaba a sus hijos. Para controlar que se llegaba a la meta propuesta puso un papel en el frigorífico, donde anotaban con un palito los días que llegaban puntuales. Por su cuenta, iba sumando alguno más sin que sus hijos lo vieran y eso los animaba a darse más prisa por la mañana.

Eso es enseñar estimulando. Me parece un ejemplo estupendo sobre cómo corregir en positivo, y además sin dejar rencores ni rastros de disgusto en los subordinados, o en este caso en los hijos. Ojalá corrigiéramos siempre así.

11. Orden de prioridades: lo contingente y lo necesario

A veces el buen gobierno pasa por distinguir lo que es contingente de lo necesario e indispensable para que las cosas funcionen. Esta distinción es importante, y denota que quien manda sabe escuchar y distinguir lo que realmente es valioso de lo que no lo es, lo que merece la pena hacer mejor de lo que no tiene tanta importancia.

El gobernado no dará trascendencia a las cosas que no la tienen, y en cambio pondrá mayor interés en hacer correctamente lo que sí merece la pena. Un exceso de celo, un deseo de perfección en todo lo que se hace, puede volverse en contra de lo que se busca. Hay que motivar con la exigencia y a la vez evitar desanimar a los que obedecen. Si continuamente se nos está diciendo que esto, aunque lo hemos hecho bien, en general, lo podríamos hacer con excelencia y nunca se reconoce lo que hicimos bien, nos desanimamos y el gobierno se resiente.

Exigir demasiado aburre, y no reconocer lo que se hace bien acaba quemando al personal. Es tan importante premiar como exigir, y haciendo lo primero, lo segundo viene solo. Recuerdo una enseñanza que recibí en Roma de Javier Echevarría, sucesor de Álvaro del Portillo al frente del Opus Dei. Teníamos que hacer unas obras importantes en el seminario que la Prelatura tiene en Roma y yo era el responsable. Me animó a que en el contrato que firmase con la constructora, no solo penalizase cada día de retraso –lo que es normal en ese tipo de trabajos–, sino que me sugería añadir una cláusula que bonificase cada día de adelanto al previsto para la finalización de la obra.

Me pareció una idea extraordinaria que luego he utilizado más veces en otras circunstancias. Incentivar lo positivo es siempre mucho más animante y eficaz que penalizar, aunque no haya más remedio que hacerlo.

Lo esencial y necesario es lo que se debe exigir, pero distinguiéndolo de lo que no tiene tanta trascendencia y tiene un carácter más contingente y voluble.

La directora de un colegio en el que trabajé era implacable con algunos asuntos de disciplina y de trato entre alumnas, pero luego era muy condescendiente con otras cosas que a su juicio tenían menos importancia. Una vez me encontré con dos alumnas mayores que iban a Dirección a recibir una reprimenda, pero iban contentas. «¿Por qué vais tan felices cuando sabéis que la directora os va *a reñir?*», les pregunté: «Porque Fulanita siempre que nos echa una bronca, nos dice lo que hacemos bien y además nos da caramelos para pasar mejor la reprimenda». Eso es saber mandar.

12. *Buscar la unidad*

Se podría definir la unidad como la propiedad que tienen las cosas de no poder dividirse ni fragmentarse sin alterarse o destruirse. Donde hay división, se pierde fuerza y la fragmentación termina con la vida de las cosas. Un juguete al que le falta una pieza, un jarrón roto que no acabamos de pegar, un jersey que tiene un pequeño descosido, al final dejamos de usarlo o lo acabamos tirando porque deja de servirnos.

Para Platón la unidad es patente en las cosas, al igual que el cambio. Y el lugar en el que reside es en *la διάνοια* (dianoia: mente) del alma, que comprende también el devenir. El sitio en el que descansa la unidad forma parte de la realidad. La realidad, añadiríamos desde una filosofía cristiana, manifiesta la unidad del Creador, y lo que se fragmenta porque es caduco está llamado a morir.

¿Cómo se quiebra la unidad? En estos días se ha reparado la Puerta de Alcalá en Madrid, que tiene el granito deteriorado y antes de que se resquebraje hay que repararla, puliendo las partes más estropeadas.

Toda quiebra en la unidad empieza siendo pequeña. En el seno de una organización, pueden ser faltas de unidad un comentario a destiempo, una pequeña rebelión, no ceder en algo que a todos vemos que nos conviene... Cosas pequeñas sin importancia, pero que no se refieren solo a los gobernados por su falta de obediencia, ya que la unidad es bidireccional: los que mandan deben fomentar y facilitar la unidad con sus dirigidos, estableciendo los cauces de comunicación adecuados para que se dé esa relación y hacerla posible gracias a la cercanía.

Los que están en órganos de decisión deben buscar que a los demás les sea fácil la unidad, hacer equipo, buscar e interesarse por la opinión de los demás, preguntar. La escucha es importantísima. Saber escuchar es un arte, que quienes lo poseen y lo cultivan consiguen que su personalidad sea atractiva, porque los demás valoran mucho ese esfuerzo.

Escuchar no es esperar a que termine de explicar la otra persona su argumentación para decir lo que pensamos, sino una actitud humilde que lleva a buscar *razones de verdad* en lo que nos dice el interlocutor. Escuchar es oír con intención de poner por obra o de asumir esa idea en nuestro propio argumentario. Escuchar es enterarse, poner interés en lo que se dice y tener presentes los objetivos que me sugieren. Ir a una con los que coordinan o marcan la pauta, para que el trabajo sea eficaz y bueno.

Siempre, desde un punto de vista humano, en toda falta de unidad se descubre cierta prepotencia, lo que en la terminología cristiana de las virtudes llamaríamos soberbia. Pensamos que nuestro criterio es mejor y no damos el brazo a torcer, ni siquiera, aunque hayamos perdido una votación o seamos conscientes de que no hacer lo que nos piden pueda causar un mal mayor.

Las faltas de unidad comienzan con el pensamiento crítico, que hay que intentar que sea constructivo. El pensamiento negativo, aunque se quede ahí, si no lo borramos de la mente, además de que nos hace perder el tiempo, nos destruye, genera desunión y solo pretende reforzar nuestro modo de pensar, como si fuese la única opinión acertada.

Decálogo para fomentar la unidad

1. Establecer mecanismos de escucha, donde todo el mundo pueda exponer lo que piensa.

2. Evitar *atascos:* lo contingente es contingente y lo importante es importante.

3. Adherirse a las decisiones que otros han tomado como si fueran opiniones propias.

4. Decir las cosas con educación y sin enfadarse, porque no ayuda a que haya buen ambiente laboral. Debemos corregir siempre para ayudar: nunca para quedar por encima del otro.

5. Perdonar y no identificar nunca a las personas con sus errores.

6. Pasarlo bien y procurar que el ambiente de trabajo sea agradable y correcto.

7. Ayudar a los demás para facilitar el trabajo en equipo.

8. Entender el poder como servicio, estando unidos entre todos los que formamos un grupo.

9. Rezar unos por otros, porque donde está Dios hay caridad.

10. Hacer examen cada uno para ver en qué se puede mejorar.

Bienes que lleva consigo la unidad

1. Se trabaja mejor porque estamos más a gusto.
2. Hace más eficaz nuestra labor, porque entre todos buscamos los modos de hacer mejor las cosas.
3. Trabajar como la mayoría facilita que todos vayamos a una.
4. Es una propiedad (atributo) de Dios y por tanto debe serlo también de sus criaturas.
5. Cuando hay unidad, la coordinación y la eficacia es mucho más fácil de conseguir.
6. La unidad expresa la belleza, también en el trabajo.

Desde un punto de vista cristiano podríamos decir que el fundamento de la unidad está en la Eucaristía. «La unidad se fundamenta radicalmente en la Eucaristía y se expresa –debe expresarse– especialmente en la fraternidad. Con cuánta fuerza san Josemaría nos exhortaba: "¡Que os queráis!". Un querer que es comprender, interés sincero por cada persona, oración, espíritu de servicio. Unidad necesariamente abierta, que se expande en afán apostólico»[28].

Esta frase de Fernando Ocáriz encierra, a mi juicio, todo un tratado sobre la unidad.

El fundamento de la unidad radica en la Eucaristía, que se expresa en la fraternidad. Por eso el mejor modelo de caridad es Jesús en la Hostia Santa: se encierra bajo la forma de pan por amor, para ser nuestro alimento. Identificarnos con Cristo en la Eucaristía supone vivir mejor la caridad como muestra de la unidad con Él y con todos los cristianos.

La Eucaristía es la esencia de la unidad de toda la Iglesia, Esposa de Cristo: «para que todos seáis uno como el Padre y yo somos uno»[29]. Y la fraternidad es la cara de lo que se ve, lo que sale hacia fuera y atrae a la unidad, que reside y se alimenta del sacramento del cuerpo y la sangre de Jesucristo.

---

[28] Fernando Ocáriz, *Mensaje 20 de Julio de 2022*.
[29] *Jn* 17, 21.

13. *Transparencia, participación y responsabilidad*

El principio de la transparencia está en la base del buen gobierno, siempre y cuando vaya acompañado de la escucha activa y del fomento de la responsabilidad y la iniciativa por parte de todos cuantos conforman una organización.

No es posible exigir responsabilidad a los demás miembros de una organización, si quienes la gobiernan no lo hacen con transparencia. Fomentar que las personas se impliquen en un proyecto que no conocen y que no saben cómo va es tarea imposible. Cuando no hay transparencia, por lo general, tampoco se escucha lo suficiente. Una organización que goza de una comunicación fluida está bien gobernada, porque todos los que pertenecen a ella tienen acceso a las fuentes de información que muestran la marcha de la misma.

Por el contrario, la organización poco transparente suele ser nido de conflictos, de rumores, de faltas de unidad, en definitiva, porque donde no hay datos hay rumores, y donde hay rumores hay críticas y cuando aparecen las críticas, se quiebra la unidad.

Las causas de la falta de transparencia son variadas y diferentes dependiendo de los momentos en los que aparezcan.

Cuando la organización es exitosa y va bien, la transparencia es más sencilla, porque a todo el mundo le gusta contar sus éxitos. Se publica el buen posicionamiento en los *rankings* y se dan a conocer los resultados siempre y cuando sean buenos. Pero cuando la organización comienza a perder fuerza, cuando los balances empeoran, al mal gobierno le suele acompañar la falta de comunicación y transparencia. Esto provoca que el golpe se acuse con más fuerza, y que el desánimo comience a hacer acto de presencia. No se quieren dar a conocer los malos resultados, para evitar reconocer una mala gestión —que no siempre tiene por qué ser su causa— y el fracaso se disfraza de crisis generalizada en la que todos estamos inmersos. Se acude a factores externos como si fueran los causantes de haber llegado a esta situación, se ocultan las cifras y no se analizan las causas verdaderas. La organización se podría decir que ha entrado en crisis.

En ese momento se deja de contar con la colaboración del grupo, o bien para evitar preocupaciones que puedan desanimar al resto de los miembros –paternalismo mal entendido que infravalora a los demás, a los que se les trata como menores de edad–, o por creer que los que están al frente de la misma tienen capacidad suficiente para afrontar la crisis. Es una pescadilla que se muerde la cola: aislamiento y falta de colaboración con quienes tendrían la posibilidad de plantear propuestas certeras para salir de la crisis.

Se produce lo que los analistas llaman el tapón de los mandos intermedios. Como se pregunta Juanjo Becerra, en un interesante estudio sobre *Empresas pulpo, o por qué tu jefe no te escucha*[30]:

> ¿Por qué no escuchan a sus empleados las compañías que sí buscan (o necesitan) la disrupción? Tener ideas innovadoras da mucho poder, y muchos cargos intermedios creen que deben controlarlo, porque piensan que deben demos-

[30] Juanjo Becerra, *Empresas pulpo, o por qué tu jefe no te escucha*, Diario *El Mundo*, 2-III-2023.

trarle al que manda que las han generado o estimulado ellos, pero al final esa es una visión cortoplacista, porque todo se sabe. El lado bueno es que, gracias al progresivo cambio de cultura de los últimos años, los procesos de innovación ya no se atascan en la cúpula de la empresa, sino en mitad del organigrama. El lado malo: que siguen sin fluir las ideas desde la base de la pirámide y eso lastra la competitividad de nuestras compañías.

«Hay una tendencia humana a la inseguridad y a demostrar constantemente que si te han dado un puesto, es porque eres el que más sabe de algo, pero el mejor líder no tiene por qué ser el que más sabe, sino el que comunica, negocia o desarrolla a otros mejor», como defiende Neus Blanch[31].

«Se paga un precio al optar por el modelo pulpo y se pretende que las propuestas de renovación partan de una sola cabeza. Hasta la idea más brillante gana mucho en consistencia cuando se desarrolla junto a un equipo,

---

[31] Neus Blanch es la directora del *Máster de Dirección de Recursos Humanos 4.0 de IEBS Digital School*.

y eso es fundamental para superar todos los obstáculos que se presentan al implantar un cambio en una organización», como sugiere Juan Pastor[32]. Cuantas más cabezas pensantes participan en los procesos, mejores son la innovación, la cuenta de resultados y los propios jefes. Estamos ante una oportunidad perdida para enriquecer la organización con la iniciativa de los demás.

Como vemos, la transparencia está muy unida a los otros principios que conforman el buen gobierno de una organización, como son la responsabilidad, la participación y la iniciativa.

Cuando no se da cauce a la iniciativa, la responsabilidad de los miembros de la organización va poco a poco disminuyendo a la par que su participación en ella. Los que forman parte de la misma se implican menos en la toma de decisiones o en hacer sugerencias, y poco a poco los cargos directivos se van aislando del resto de los miembros de la organización, lo que empobrece y hace cada vez más difícil e inoperante su tarea de gobierno.

---

[32] Juan Pastor es experto en creatividad e innovación.

Capítulo II
LOS QUE MANDAN

1. No forman casta

Todas las sociedades inmunitarias (la inmunidad es una característica de las grandes empresas que conlleva la no exposición al roce del otro) son radicalmente jerárquicas, porque aumentan la distancia vertical y horizontal entre las personas para evitar el contacto y así poder gestionarlas y orientarlas según sus fines. La primera función de la jerarquía es evitar que las personas se mezclen entre sí. Este es el origen de la palabra portuguesa «casta de origen», no contaminada: evitar que se toquen entre sí los distintos y dejar que lo hagan solo los semejantes (...). Por este motivo las sociedades de castas conocen poco la creatividad y la innovación, pues solo la biodiversidad tiene la capacidad de engendrar[33].

La alternancia en los cargos de gobierno y poner límite temporal a la duración de sus mandatos ayuda a evitar que en las organizaciones se forme una categoría de miembros de rango superior, por ocupar puestos de responsabilidad o de gobierno. Entender esto así supondría no saber que el gobierno es servicio a la colectividad, que procura aportar los propios conocimientos para mejorar el interés general, sin buscar beneficios personales. Además, evita, como bien dice Bruni, enriquecerse con la *biodiversidad* que se genera por la iniciativa y la creatividad, que son fruto del contacto entre todos los que pertenecen a la misma institución.

El Papa, en un reciente Decreto para las asociaciones internacionales de fieles reconocidas o erigidas por la Sede Apostólica, señala que «los mandatos en el órgano cen-

---

[33] Luigino Bruni, *La destrucción creadora*, págs. 37-38.

tral de gobierno a nivel internacional deben tener una duración máxima de cinco años cada uno»[34]. Y señala a continuación que «una misma persona puede ocupar cargos en el órgano central de gobierno a nivel internacional por un periodo máximo de diez años consecutivos. Tras el límite máximo de diez años, la reelección solo es posible por una vacante de un mandato»[35].

Se concibe la potestad de gobierno como un servicio, que además tiene carácter temporal, con limitación de tiempo en el cargo, para evitar formar una clase especial de mando en este tipo de organizaciones y renovar la frescura en las decisiones de gobierno con el cambio normal de las personas que lo ocupan.

Un buen gobierno evita los privilegios, pues la mayor responsabilidad que lleva consigo un

---

[34] Art. 1. Decreto del Dicasterio para los Laicos, la Familia y la Vida sobre «Las Asociaciones de Fieles» que disciplina el ejercicio del gobierno en las asociaciones internacionales de fieles, privadas y públicas, y en otros entes con personalidad jurídica sujetos a la supervisión directa del mismo Dicasterio, 11-6-2021.

[35] *Ibidem*, art. 2.1 y art. 2.2.

puesto de relevancia nunca puede ir acompañada de prebendas, singularidades y beneficios que le harían perder autoridad y eficacia.

El gobierno debe ser cercano, con escucha frecuente a los que se dirige, que evite alejarse de la realidad. Tratar con demasiada reverencia y poner distancia entre gobernantes y dirigidos supondría un grave error, que restaría eficacia a la labor de gobierno, que se alejaría de aquellos a los que sirve.

A veces sucede que los que quieren aportar alguna cuestión no saben cómo hacerlo ni a quién dirigirse. El esfuerzo de una organización por facilitar canales de participación es muy importante. Tienen que ser ágiles para poder agradecer esa colaboración y contar con ella a la hora de la toma de decisiones. En cuanto una persona sugiera alguna mejora, hay que ponerse en contacto con ella, para aprovechar ese talento o intuición.

2. Gobernar como misión

Podemos entender el gobierno como una tarea que adquiere categoría de misión durante el tiempo que se realiza. Es evidente que por ocupar un puesto de responsabilidad no se es mejor persona. Tampoco ocupan esos cargos solo los más preparados o que tengan más cualidades. Lógicamente, sobre todo en las empresas o en las OMI se procura elegir a personas valiosas que reúnan las cualidades para esos trabajos. Pero eso no quiere decir que siempre se consiga, ni que no haya gente más preparada para ese tipo de puestos en las organizaciones. De ahí la sabiduría de las rotaciones en los cargos y el que se establezcan cauces frecuentes y sencillos de escucha dentro de la propia institución.

Tanto unos como otros se podrán beneficiar de la relación gobernante-gobernado, de hablar las cosas, de pedir consejo o de sugerirlo, sin que eso merme autoridad a los que les corresponde ejercerla, o provoque que no estén en su sitio los que no ostentan esos cargos.

El gobierno no se identifica con lo que proponían los griegos acerca del gobierno de los mejores, sino que debe traducirse a mi juicio en un gobierno colaborativo, y máxime cuando se trata de organizaciones con fines espirituales.

De no ser así, cabe el peligro de pensar que los *elegidos* para ocupar esos puestos son personas que encarnan mejor el espíritu que el resto de los miembros, con el consiguiente daño que se puede causar a una institución al dejar el mando en manos de unos pocos, a modo de grupo selecto y de modo permanente, porque se entiende que están especialmente preparados para el gobierno. Esto nunca puede ser bueno, porque se concentraría la responsabilidad en unos pocos, con el peligro de aislamiento de quienes gobiernan e incluso de una posible tiranía dentro de la propia institución y se alejaría de esas responsabilidades a los demás.

Es cierto que la estructura de la Iglesia es jerárquica, es decir, vertical, pero aun así los mecanismos de escucha y rotación en los cargos previenen del peligro de crear grupos cerrados dentro de la organización. Esto sucedería también si los cargos de gobierno fueran rotando entre las mismas personas, y no se articulara un sistema de mayor participación. Todo lo que es cerrado acaba pudriéndose. Si todos colaboran, todos se implican y todos se responsabilizan, y estarán más unidos a quienes gobiernan porque saben que más tarde o más temprano ocuparán ellos esos puestos.

Cuando un carisma, como indica Bruni en su libro, está en fase de consolidación –pueden pasar muchos años–, puede darse esta situación. Con el fin de asegurar la pureza de la institución, para que se adapte a la finalidad para la que fue creada, fortalecer la estructura puede causar más daño que beneficio, porque ahogaría la espontaneidad con la que se desarrolló hasta entonces el carisma. Hay que ir desmontando poco a poco la estructura y evitar que ese mismo grupo selecto y exclusivo de directivos sea el que lleve a cabo esa tarea.

Las instituciones pasan por una fase inicial carismática, expansiva y entusiasta, despreocupada por lo organizativo y formal; cuando inevitablemente surge una estructura, disminuye el entusiasmo y se introduce cierta rigidez que esclerotiza y tiende a la rutina. Esto puede llevar a la consunción o a la ruptura, o bien a prolongar en el tiempo una existencia inercial y apática, salvo que se inicie un proceso de repristinación, capaz de recuperar el impulso juvenil de los orígenes —su carisma primigenio— sin renunciar a la madurez, ley de vida que asegura estabilidad y permanencia[36].

Y añade Bruni que:

cuando una entidad carismática comienza a darse cuenta de su declive, sus responsables comienzan a pensar naturalmente que el remedio consiste en cambiar las estructuras y trabajar sobre la propia organización. Sienten que la estructura, nacida en los tiempos de gran desarrollo, ya no es sostenible y absorbe demasiadas energías de sus miembros. (…) Así, ante la demanda de cambio y ante el declive, la respuesta del gobierno y de las estructuras es seguir mirando hacia dentro, creando nuevas comisiones y nuevos departamentos. Hay que trabajar intensamente para aligerar esas estructuras y así liberar energías para devolver aliento y tiempo a las personas[37].

---

[36] Víctor Sanz, *Aforismos*.
[37] *Op. cit.*, págs. 94-95.

Y esa labor la deben hacer otras personas diferentes, porque los mismos dirigentes de las organizaciones es difícil que busquen soluciones distintas a las que ellos han aplicado hasta entonces: *la auténtica operación necesaria para renovar un movimiento convertido en organización y que quiere volver a ser un movimiento, es que sus dirigentes comprendan la necesidad de crear las condiciones de nueva libertad e innovación para que otros, no ellos, puedan relanzar una nueva etapa carismática y volver así a ser un movimiento. Y dejar que los reformadores puedan expresarse y llevar a cabo su función de renovación.*

Con ocasión de la celebración del centenario del Opus Dei, el Prelado anunciaba cómo se iba a conmemorar ese acontecimiento: escuchando.

> Deseo que todos participemos en la preparación. Por esto, durante los próximos años, el comité que lleve a cabo esa tarea se dedicará sobre todo a escuchar a fieles de la Obra y a muchas otras personas. Las sugerencias que se reciban servirán para plantear mejor la celebración.

El centenario será un tiempo de reflexión sobre nuestra identidad, nuestra historia y nuestra misión. Esto habrá de llevar a cada una y a cada uno a la acción de gracias, a la petición de perdón y a propósitos de mejora (...).

Este evento será también un momento propicio para considerar los desafíos que se presentan a la Iglesia y a la sociedad y plantearnos cómo podríamos contribuir mejor. Será un tiempo oportuno para mirar al futuro y pensar juntos –a los más jóvenes os tocará un papel fundamental– sobre cómo llevar el Opus Dei a los próximos cien años. Es una ocasión para rejuvenecernos, para reconocer el amor de Dios en nuestra vida y llevarlo a los demás, especialmente a los más necesitados[38].

Estamos ante un ejemplo claro de la propuesta que plantea el profesor Bruni para la reforma de las organizaciones, un papel fundamental que corresponderá, como dice

---

[38] Fernando Ocáriz, *Mensaje* de 10-6-2021.

Ocáriz, a los más jóvenes, que se entiende que no forman parte del propio gobierno de la organización.

Todos pueden y deben llevar a cabo la misión del gobierno, que supone una carga extraordinaria de trabajo y responsabilidad, y para ello se requiere una formación adecuada para realizarla con éxito. Desentenderse de esta tarea no sería compatible con la misión de sacar adelante la institución, alegando que es mejor que sean otros quienes realicen esa tarea y *poniéndose de perfil* a la hora de asumir responsabilidades organizativas. Todos hemos de *arrimar el hombro* y hay que facilitar que sea posible llevarlo a cabo.

3. *Escuchar siempre*

Escuchar siempre y escuchar como modo de crecer y mejorar. Es más; sin escucha es muy difícil que haya mejora, porque todo lo que se haga estará revestido de autorreferencialidad.

A veces nos encontramos con personas que solo se escuchan a sí mismas, a las que solo les interesa lo que ellos piensen u opinen, despreciando el parecer de los demás y su modo de ver las cosas, que será en ocasiones muy diferente al suyo. Sobre esto dice Ocáriz que «por lo que se refiere al modo de realizar el gobierno, san Josemaría estableció y recordó siempre con fuerza la colegialidad (horizontalidad), que es otra manifestación de ese espíritu de libertad que impregna la vida en el Opus Dei»[39].

Escuchar siempre exige mucho más trabajo que hacer las cosas como a mí me parece que se deben hacer. Cuando uno ya tiene decidido qué hay que hacer y cómo hacerlo, supone un esfuerzo extra preguntar para ver si hay alguna solución mejor que la que se ha pensado. Exige además una dosis extra de humildad, que no se agota en el mero hecho de preguntar, sino que luego hay que adoptar la solución que otros proponen y que *tumba* la nuestra. Lleva tiempo pedir la opinión de los demás, pero el resultado sin duda es mucho más certero, aunque tarde un poco más. No podemos, en aras de la eficacia, convertir el gobierno en una búsqueda exclusiva de la

[39] Fernando Ocáriz, *Carta Pastoral de 9 de enero de 2018*, n. 13.

rapidez en las respuestas a los problemas, ir *tapando agujeros*, como se dice vulgarmente, dejando por el camino la colaboración de todos, tratando de solucionar los problemas con profundidad y ayudando a que cada uno asuma sus responsabilidades.

Una demostración de esto supone escuchar a los que piensan diferente, a quienes tienen modos de ver las cosas totalmente contrarias que quienes gobiernan. Escuchar únicamente a quien alaba o te regala los oídos con argumentos aduladores, semejantes a los tuyos o al que siempre te da la razón, no aporta nada, por mucho que te suba la autoestima. Acallar esas voces discordantes, o incluso no molestarse en escucharlas, supone un desprecio a la verdad, que nunca será unívoca, pues tiene matices que la enriquecen y admite muchas interpretaciones.

Un gobierno que no escucha, ni es cercano ni es eficiente, porque se desvincula de los que colaboran en sus trabajos, considerándolos como meros agentes de un sistema que ellos creen perfecto, alejándose de la realidad. Siempre debemos escuchar, establecer los cauces para que el gobierno sea más participativo y corresponsable, porque ayuda a aquellos para los que gobierna.

Este modo de hacer merece la pena cambiarlo entre todos. Si todos nos resignamos con el estado de las cosas, no habrá escucha posible. Por eso debemos intentar, en todos los estamentos de la cadena de mando o de obediencia, rebelarnos contra modos de hacer que no tengan en cuenta la escucha. Basta con una simple pregunta: *¿Esto lo ha visto Fulanito o Fulanita?, ¿qué opinan?*

Por otro lado, en la cultura de la escucha hay aspectos que tienen muy poca importancia para el desarrollo del fin corporativo, en los que no es necesario abrir un proceso de consulta para tomar una decisión al respecto. Obrando así, se haría imposible la función de gobierno en una organización, porque se paralizaría ante cualquier decisión ordinaria que hubiese que tomar. El *estilo de gobierno* debería tener en cuenta la escucha, para que forme parte de la cultura corporativa de la organización.

4. *No exigir frutos inmediatos*

En la política suele suceder que, como los mandatos son temporales, al inicio del mismo se hagan muchas promesas. Resulta llamativa la cantidad de carteles que aparecen pocos días antes de las elecciones; muchos se quedan solo en un simple anuncio. Durante el desarrollo de una legislatura, se trata de cumplir el programa y cuando se acerca el final del periodo para el que fueron elegidos se preparan las promesas del siguiente, que muy probablemente tampoco se cumplirán.

Se presenta entonces el balance de los frutos logrados, para rendir cuentas de la gestión realizada. Hay que sacar esos frutos de donde sea, porque la gente para que reelija a esos mismos gobernantes tiene que ver que han trabajado bien.

En una OMI esto no puede suceder. Tampoco se puede medir la eficacia de quienes ocupan cargos de responsabilidad exclusivamente por los frutos que se han logrado durante el tiempo que han ocupado su cargo. Hay otros criterios al margen de la cuenta de resultados. Las circunstancias pueden ser muy diversas y los logros obtenidos no pueden ser el único ni el principal baremo que se aplique. Cambiar continuamente de responsables para buscar exclusivamente el fruto inmediato tampoco es una buena praxis, pues deben concurrir otros criterios y atenerse a ellos.

La rotación en los puestos de responsabilidad asegura aire fresco a la organización, ideas nuevas, novedosos modos de enfocar los problemas. Cambiar a las personas tampoco puede convertirse en un drama, siempre y cuando la comunicación entre todos sea fluida y eficiente.

Por eso pienso que no es bueno tener que rendir frutos y dar cuenta al término del mandato, comparándolo con épocas precedentes, porque en una OMI, y lo mismo es aplicable a una empresa, *servatis servandis,* hay que procurar analizar su eficacia teniendo en cuenta el paso del tiempo, las circunstancias del momento y las previsiones futuras.

Quienes han ocupado esos cargos me parece que es bueno que se incorporen cuanto antes a puestos en los que no tengan esa responsabilidad, sin tener que utilizar, como decía un conocido político, las *puertas giratorias*, tan frecuentes en la política, ya que esos cargos no se deben entender como premios ni posiciones preminentes, sino modos diferentes de servir. Es muy edificante ver a personas que ocuparon puestos de responsabilidad, obedecer a los actuales responsables de una organización y trabajar como uno más en el puesto y lugar donde han sido colocados. Es un buen ejemplo que ayuda a que todos se responsabilicen de los fines, que comparten con los que trabajan en la organización a la que pertenecen.

5. *Dejar hacer*

No es buen gobernante el que no toma resoluciones, quien se limita solo a escuchar, pero sin decidir nunca, quien deja hacer sin enfrentarse a los problemas, esperando que se resuelvan solos.

El gobierno exige asumir riesgos y enfrentarse a los problemas. Esto a veces lleva a equivocarse, a no dar con la solución adecuada y a cometer errores: no pasa nada. El mayor error es no haber cometido nunca ninguno por inacción, esperando a que el tiempo vaya resolviendo los problemas.

Las personas que *gobiernan* de esto modo, sin resolver nada, se rodean a veces de un *halo de buen gobernante* porque no provocan divisiones en el seno de la organización, ya que nunca se *mojan* por ninguna solución, cuando a la postre resultan ser personas altamente ineficaces, a las que nadie plantea problemas porque nunca los resuelven.

Es práctica de mal gobierno acudir a la paciencia para no resolver las cuestiones. Hay que afrontar los problemas e incluso adelantarse a ellos. La diligencia en buscar soluciones evita males mayores. En cambio, quien deja pasar el tiempo por sistema puede provocar desastres por no corregir los errores cuando todavía era posible hacerlo. «El tiempo no lo cura todo, pero nada se cura sin contar con él»[40].

Delegar –*dejar hacer*– es otra consecuencia de la escucha. La persona que cree que es el único que sabe de una determinada cuestión o realizar alguna tarea, no entiende la cultura de la escucha. Escuchar es compartir, dejar que otros realicen mis tareas o llevar yo a término las suyas, intercambiar pareceres y trabajos, dejar que sean otros quienes los

---

[40] Víctor Sanz, *op. cit*.

lleven a cabo. Por parte de quien dirige o gobierna, delegar es la mejor manera de ayudar a crecer.

No se trata de tenerlo todo controlado, supervisar hasta el último detalle, incluso tener que pedir permiso para todo quienes dependen del que manda. Con ese modo de trabajar, la iniciativa queda totalmente anulada, desaparecen las aportaciones que puedan hacer los demás y las soluciones de gobierno se reducen a lo que piensen los que mandan.

Hay quienes en la tarea directiva piensan que se debe partir de una desconfianza controladora, hasta que el subordinado ofrezca pruebas de ser digno de confianza. No parece buen comienzo. Dirigir no consiste solo en mandar, planificar, organizar, prever, controlar y reprender; es, también y sobre todo, animar, escuchar, aceptar otros puntos de vista y dejar hacer, para favorecer así la iniciativa[41].

Es bueno que veamos cómo se vive esto en la propia área de gobierno. Porque no habla-

---

[41] *Ibídem.*

mos solamente de una organización empresarial, sino de aplicar la cultura de la escucha al propio trabajo que lleva a cabo cada uno.

De una familia en la que se distribuyen los trabajos y en la que cada uno tiene su encargo, salen hijos más responsables y maduros. Son conscientes de que, si no hacen su tarea, otros las tendrán que realizar, recortando su propio tiempo. Formar en la responsabilidad ayuda a madurar. Si dejamos que cada uno responda de su tarea, seguramente les costará mucho menos hacer la de los demás.

Quien *deja hacer* aprende de los modos de trabajar de los demás. Se enriquece con las contribuciones de todos, cambia sus puntos de vista y los mejora con las sugerencias y el trabajo de los otros. La organización se enriquece y no pierde rapidez, frescura, ni capacidad de resolución, porque esta *cultura* se aplica en todos los órdenes y se vive en cada estamento de responsabilidad, también en los de la más alta dirección.

Quien no *deja hacer* minusvalora el trabajo y las capacidades del subordinado y bloquea el normal funcionamiento de la organización, que se ralentiza y se obstruye, porque impide que los otros la puedan mejorar.

6. *Inteligencia*

La iniciativa no es una cualidad que algunos selectos han recibido del Altísimo, sino algo que todos debemos desarrollar. Decía san Josemaría, al hablar sobre la cruz:

> No dejaré de repetirlo: para estar unidos con Cristo en medio de las ocupaciones del mundo, hemos de abrazar la Cruz con generosidad y con garbo. Sal de nuestra vida es la mortificación, hijas e hijos míos, que ha de acompañar delicadamente, inteligentemente, nuestro trabajo diario con el fin de sostener nuestra vida sobrenatural, de la misma manera que el latir del corazón sostiene la vida del cuerpo[42].

Este sacrificio inteligente tiene mucho que ver con la iniciativa. Es mucho más cómodo pensar que yo no puedo, no sé o no tengo fuerzas. Lo que nos exige la fe es que pense-

---

[42] S. Josemaría, *Carta 11-III-1940*, n. 11.

mos cómo hacer rendir nuestros *talentos*, las cualidades que hemos recibido de Dios y que él pone en nuestra inteligencia para que las llevemos a cabo.

A veces la iniciativa inteligente no comparece en la tarea de gobierno porque no se pide. Si no se consulta nada a los demás, especialmente a los subordinados, estos se cansarán de hacer propuestas que no son atendidas ni se agradecen.

Otras veces las personas que deberían tenerla no la muestran por pudor, por baja autoestima, o porque piensan que *para eso están los que mandan*, con el consiguiente empobrecimiento del gobierno, por la falta de responsabilidad de los gobernados. Todos debemos colaborar y poner en práctica todas nuestras potencialidades para ver cómo hacer cada vez mejor nuestro trabajo.

La iniciativa, para potenciarla, hay que darle un cauce, estableciendo unos mecanismos de captación de ideas que ayuden a mejorar los trabajos de la organización. Cuando uno encuentra esa vía, acude a ella, propone, se involucra; cuando nunca te piden una opinión o un parecer sobre una tarea, uno se abstiene por sistema de decir lo que piensa, y fuera útil para mejorar los trabajos.

Esas iniciativas hay que agradecerlas siempre por parte de los que están en los puestos de decisión, e incluso a veces remunerarlas, aunque esto empobrezca algo la buena intención con que se proponen. Lo importante es ver el modo de fomentarlas. Estudiar y proponer esas mejoras lleva consigo un trabajo extra, que al menos conviene agradecer, y demuestra una implicación grande por parte del gobernado con la organización.

Tampoco se trata de estar continuamente proponiendo mejoras como si se tratase de enmiendas a la totalidad, que más que colaboración demostraría deseo de queja y reacción un tanto hostil frente a quienes tienen el encargo de dirigir la organización. No se trata de *poner palos entre las ruedas*. Cuando se proponen, hay que ser consciente de que puede haber otras ideas que sean mejores, o que no sea conveniente aceptarlas porque podrían producir unas consecuencias negativas que quien las propone no alcanza a ver. Nunca es bueno aferrarse a nuestra propia opinión como si fuese la única valiosa, porque estaríamos desterrando la escucha de nuestro propio modo de trabajar.

Hay que tener prudencia al proponer iniciativas, humildad cuando no son atendidas, y quien las recibe, mostrar siempre agradecimiento por ellas. Fomentar esas sugerencias mejora el gobierno. De ese modo todos ponen cabeza en las cosas para que funcionen mejor, y cuando se cuenta con esas aportaciones el gobierno mejora muchísimo.

7. El arte de pedir perdón

Hay una moda relativamente reciente de pedir perdón por lo que uno no ha hecho y han hecho otros. A mi juicio, se trata de un error porque muy probablemente con el paso del tiempo se han desfigurado los términos y las circunstancias con las que se tomaron esas decisiones por las que ahora se pide perdón. Además, se corre el peligro de que se juzguen con la mentalidad actual y no con la del momento preciso en el que se llevaron a cabo.

Cada uno debe pedir perdón por lo que él ha hecho y por sus propias obras. Las instituciones generalmente no piden perdón *institucional*, y si lo hacen, sus responsables lo harán por hechos concretos mal resueltos, pero sin ensuciar el nombre de toda una organización debido a las decisiones o actuaciones erróneas de unos cuantos en un determinado momento. No digo con esto que no se puedan pedir responsabilidades corporativas, o actuaciones por las que deba responder una institución y se pida perdón en su nombre, sino que no podemos condenar para siempre a una institución o persona concreta por los errores del pasado.

Pedir perdón no es solamente un acto singular, sino que lleva aparejado todo un cambio de actitud en lo que se hacía hasta entonces. En el lenguaje cristiano lo llamaríamos conversión.

El resentimiento no aporta. Como dice Max Scheler, «una persona resentida se intoxica a sí misma e intoxica el ambiente en el que se desenvuelve»[43]. El rencor no conduce a nada y por eso ante la petición sincera y real de arrepentimiento, hay que perdonar

---

[43] Max Scheler, *Das Ressentiment im Aufbau der Moralen*, en *Vom Umsturz der Werte*, Bern 1972, pág. 36s.

siempre, sin tomar ningún tipo de represalias y sin guardar ningún tipo de rencores. La madre que perdona una travesura a su hijo y se lo recuerda al cabo de unos días, no ha perdonado bien.

Como dice Jutta Burgraff, «el perdón consiste en no identificar al agresor con su obra. Todo ser humano es más grande que su culpa»[44].

Hay que saber perdonar, pero también hay que saber pedir perdón. No basta con hacerlo, sino que es conveniente encontrar el momento oportuno, buscar la reparación adecuada –si es factible– y demostrar con hechos el deseo real de cambiar el estado de las cosas o las actitudes personales que nos han llevado a realizar una determinada acción.

Ser oportuno a la hora de pedir perdón quiere decir elegir bien el motivo, el momento o la persona adecuada a quien pedírselo, pues a veces en organizaciones complejas o de gran tamaño no es sencillo encontrar ese cauce. Ser oportuno supone además recono-

---

[44] Jutta Burgraff, «Aprender a perdonar», *op. cit.*, pág. 5.

cer el propio error y ser rápido para rectificarlo.

Toda organización, y con mucho más motivo las personas, debe estar predispuesta a perdonar y en profundidad, de modo real, sin venganzas ni represalias. El perdón siempre es liberador, para quien lo pide y para quien lo concede.

Cuenta el judío Simon Wiesenthal sus experiencias en los campos de concentración durante la Segunda Guerra Mundial. Un día, una enfermera se acercó a él y le llevó a una habitación donde se encontraba un joven oficial de las SS que estaba muriéndose. Este militar le contó su vida al preso judío: habló de su familia, de su formación y cómo llegó a ser un colaborador de Hitler. Le pesaba sobre todo un crimen en el que había participado: en una ocasión, los soldados a su mando habían encerrado a 300 judíos en una casa y la habían quemado: todos murieron.

Sé que es horrible –dijo el oficial–. Durante las largas noches, en las que estoy esperando mi muerte, siento la gran urgencia de hablar con un judío sobre esto y pedirle perdón de todo corazón.

Wiesenthal concluye su relato diciendo: «De pronto comprendí y sin decir ni una sola palabra, salí de la habitación. No he perdonado a ninguno de los culpables, ni estoy dispuesto ahora ni nunca a perdonar a ninguno»[45].

Perdonar significa renunciar a la venganza y al odio. Hay personas que tienen una gran facilidad de perdón, enseguida dan un abrazo a quien se lo pide, y se olvidan del mal que sufrieron. A otros, en cambio, les cuesta perdonar, no lo hacen inmediatamente y cuando lo hacen, no es un perdón determinante ni definitivo, porque recuerdan ese acto de perdón tiempo después, como si no hubiera cerrado una herida y lo sacan a relucir cuando vuelve a suceder otro hecho que pueda motivar de nuevo conceder el perdón. «¿Cuántas veces tenemos que perdonar, hasta siete? ¡Setenta veces siete!»[46].

El mejor ejemplo de perdón lo tenemos en Jesucristo: «Padre, perdónales, porque no saben lo que hacen», dijo cuando estaba en

[45] Jutta Burgraff, «Aprender a perdonar», *op. cit.*, pág. 7.
[46] *Mt* 18, 21-22.

la cruz. Rogaba el perdón de aquellos que lo condenaban y que le habían llevado al patíbulo, por quienes estaba entregando su vida en redención. Pocas veces veremos esto, en grado menor, claro está, en la vida cotidiana. Pero Jesucristo es el modelo y a quien debemos parecernos.

Capítulo III
LOS QUE OBEDECEN

1. *Facilitar el trabajo y fomentar la colaboración*

No podemos dificultar el trabajo de quienes mandan, simplemente por el hecho de que no estemos de acuerdo con sus decisiones. La actitud de una persona que solo busca la confrontación se acaba volviendo contra sí misma y enrarece el ambiente dentro de la organización. Si en una familia, todo se discute y se lleva la contraria a cualquier decisión que llegue del *alto mando*, nunca habrá paz y la convivencia se convertirá en un calvario. Nos puede gustar más o menos, pero en la vida hay que hacer concesiones y obrar de modo contrario a las propias preferencias, sin tener que dar explicaciones por toda decisión que se tome.

Se facilita el trabajo de los demás cuando se contribuye con la propia actitud a que el ambiente sea agradable, sin críticas ni actitudes de pasividad a la hora de cumplir con lo que a uno le corresponde. Exigir explicaciones por todo, o pedir que se consulte todo lo que se decide, no es una actitud colaborativa y entorpece enormemente el gobierno. No hay que pasarse ni por carta de más, ni por carta de menos.

La colaboración es bidireccional, tanto por parte de quien la busca como de quien la ofrece y deben existir los cauces adecuados para poder llevarla a término. Colaboramos cuando nos dejan hacerlo y se facilita el intercambio de tareas o la colaboración en ellas.

Por un lado, a todos nos cuesta delegar y dejar que otros hagan nuestro trabajo, no vaya a ser que lo perdamos y se rebaje nuestra categoría dentro del escalafón, dejando que otras personas lo desempeñen: dejaríamos entonces de ser imprescindibles. Y por otro, a veces no es fácil colaborar, porque nadie nos lo pide y no se facilita el poder hacerlo. Si nunca nadie te pregunta nada, ni te piden que hagas algo fuera de tu cometido habitual, e incluso te ofreces y no cuentan contigo, es normal que a uno se le quiten las ganas de hacer propuestas.

Es bueno que en las organizaciones se fomente ese espíritu de colaboración, también en las OMI por su peculiar tarea de ámbito formativo o espiritual, intercambiando papeles y tareas y procurando establecer turnos que haga que todos colaboren en las tareas de organización. Para ello es conveniente impartir la adecuada formación que permita rotar en los cargos directivos, para que muchos puedan participar. La rotación de roles y puestos de trabajo debe ser algo habitual e incluso fomentarla, ya que enriquece a la organización. Si siempre mandaran los mismos o lo hicieran durante mucho tiempo, estaríamos ante un síntoma claro de *envejecimiento de la organización.*

En las grandes empresas americanas, a los que ocupan puestos de responsabilidad se les exige trabajar una temporada en régimen de rotación por puestos más humildes y de menos nivel. Tengo un amigo que le contrataron para un puesto directivo en una conocida empresa de alimentación de comida rápida. Un día me llamó para decirme que estaba haciendo perritos calientes en un establecimiento de la ciudad en la que vivíamos los dos, para que fuera a comer allí. Con esto se consigue que cuando tengan que tomar decisiones sobre esas personas, quienes dirigen esas empresas sepan las consecuencias que tienen, porque ya las han vivido en sus propias carnes. El ambiente que se consigue en una corporación con estas rotaciones es mucho más colaborativo, porque todo lo que sea generar un grupo de trabajadores cualificados y otro de subalternos no facilita la integración.

Esto no quiere decir que a mayor responsabilidad no tenga que haber una remuneración más alta, porque es justo que la haya. Todo lo que fomente los incentivos y los posibles *ascensos* dentro de una organización hace que el ambiente colaborativo mejore.

En el caso de las OMI, no se dan este tipo de remuneraciones y ascensos, porque se sirve de maneras diferentes al mismo fin. Se sirve a la finalidad de la institución de modos diferentes, sin que unos sean mejores que otros. Tampoco sería bueno establecer ciertos privilegios para aquellos que asumen trabajos directivos, pero los privilegios no ayudan y hay que procurar evitarlos, incluso en las apariencias.

El contacto con el personal que trabaja, ser personas cercanas, poder tener acceso a los dirigentes de las organizaciones de un modo respetuoso pero natural, fomenta el espíritu de colaboración y facilita la mejoría del ambiente en la institución.

2. Espíritu crítico constructivo

La crítica no es de por sí negativa y hay que estar abierto a aceptarla y a poder hacerla cuando sea necesaria. Una queja siempre tiene un fundamento en algo que va mal, aunque sea subjetivo. Moderar las formas al hacerla, ser siempre constructivo y aportar posibles soluciones, hará de la queja un instrumento de gobierno.

Recibir críticas de mejora constituye una valiosa fuente de información para potenciar el desempeño y el aprendizaje. En las organizaciones existen procesos formales en los que el responsable del equipo evalúa los resultados de los subordinados. En estas reuniones se establecen objetivos, se abordan problemas y también se señalan aspectos a mejorar por parte del subordinado. Estos cauces permiten compartir información de mejora en dirección descendente. Sin embargo, una crítica en dirección ascendente requiere de un escenario que vaya más allá de los cauces formales. Los aspectos relativos al desempeño o competencia del directivo no son temas fáciles de tratar por parte de los subordinados, debido a los peligros potenciales que entraña una conversación así. Por este motivo, un directivo tiene que saber construir unas relaciones personales que permitan a sus subordinados tratar con franqueza estos temas, aunque eso le suponga algunas veces recibir críticas negativas [47].

La importancia de este cauce para tratar abiertamente las cuestiones es fundamental.

---

[47] Durán Terrádez, L. C. & Baviera, T. (2023), "Speaking without Hurting: Assertiveness and Psychological Safety in Receiving Criticism", *Revista Empresa y Humanismo, 26(2)*, pág. 10. DOI: https://doi.org/10.15581/015. XXVI.2.9-32.

En una institución en la que trabajé, tuve una comida con uno de los asesores de quien hacía cabeza en la misma. Durante el almuerzo, comenté los rumores sobre los posibles candidatos para suceder al jefe de la institución, con gran enfado de esa persona, que me hizo ver que todo eso eran chismorreos y críticas. Le paré en seco, le dije que no lo eran, sino que mostraba la preocupación y el cariño de la gente por su empresa, y, en todo caso, le hice saber que gran parte de la culpa de que se produjeran esos comentarios la tenía la falta de transparencia con la que habían llevado a cabo ese proceso de sucesión.

Aceptar las críticas y facilitar que nos las hagan es valorar la escucha. Una persona que reacciona con una excusa a la crítica o que nunca la acepta, no escucha. El terreno de lo opinable es muy relativo, pero también es muy valioso poder intercambiar pareceres y modos de hacer distintos, puesto que enriquece a quienes lo hacen.

Se construye con la crítica cuando se acepta, se rectifica y se reconocen los errores de las propias decisiones o modos de llevarlas a cabo, o cuando aceptamos que las opiniones del otro desbanquen a las nuestras. Se construye con la crítica cuando se aportan soluciones entre todos y no solo se indica lo que nos parece equivocado, sino que se busca mejorarlo. Se construye con la crítica cuando es sana, correcta y respetuosa, cuando no trata de imponer la propia opinión. Se construye con la crítica cuando se acepta y se demuestra ante ella una actitud abierta y de escucha, es decir, de mejora y con la posibilidad de cambiar el propio modo de pensar.

Se suele descalificar la expresión *espíritu crítico*, como si fuera una cualidad negativa de alguien, por lo general subordinado. La crítica no tiene por qué ser mala y si no existiera, fácilmente se caería en la autocomplacencia, en la autorreferencialidad y en la incapacidad de aprender de cómo lo hacen otros, que es fuente de aprendizaje. Defender solo *lo nuestro* nunca puede ser un buen modo de gobernar una institución, puesto que acabaría aislándose.

Tenemos que aceptar las críticas, incluso pedirlas y estar dispuesto a convertirlas en una fuente de mejora y crecimiento de la propia organización.

3. *Gobierno eficaz: todos responsables*

Cuando una persona no siente el peso de la organización a la que pertenece y elude toda responsabilidad, alegando que a él no le corresponde tomar las decisiones, demuestra que está más fuera que dentro.

Si uno no siente el peso de la institución, sobre todo cuando se trata de una OMI, puede deberse a motivos diversos. Uno de ellos es la falta de implicación, quizá motivada porque su opinión no cuenta. No hay cultura de la escucha y eso produce disminución de la implicación de los miembros en su institución.

Otras veces no se consigue corresponsabilizar a los miembros por falta de transparencia e información. No se cuenta con la gente a la hora de compartir preocupaciones y proyectos y, cuando se trata de implicar a los demás, no se consigue, porque no han estado presentes en su proceso de elaboración. Ya es tarde para involucrar a los demás, debería haberse hecho antes. Y no digamos nada de aquellos que intentaron hacer aportaciones, que no fueron nunca contestadas, valoradas ni agradecidas; la organización ha provocado esa falta de identificación de sus propios miembros con ella misma.

Cuando un miembro de la organización aporta, contribuye a que la solución que se adopte sea más consensuada y eficaz. Una familia que decide comprarse un coche contando con la opinión de todos, seguramente elegirá el que a todos les guste más y se adapte mejor a sus necesidades. Los miembros de esa familia lo cuidarán mejor, porque lo verán como suyo: *lo hemos elegido entre todos*.

Ser responsable no es solo intervenir en la decisión que se adopte, sino sacarla adelante. El nivel de implicación será mayor cuanto mayor sea la intervención en el proceso de elaboración, porque se ve como decisión propia y con una mayor implicación en su puesta en marcha.

Esto que parece muy sencillo es poco común por diversos motivos y es un error que hace perder mucha fuerza a las OMI u otras instituciones similares. Pongamos un ejemplo. Si se toma la decisión de cambiar un plan de formación relativo a los miembros de una institución y se piden ideas a los que van a ser formados con ese nuevo plan, lo acogerán con mucho más interés que si se tratase de un programa impuesto desde arriba. Hacer participar a cuantas más personas sea posible, las hace más responsables, mejora el ambiente de la organización y hará que se identifiquen más con ella. Cuando haya que pedir un esfuerzo extraordinario, muy probablemente lo darán, porque sienten esa marca como propia.

4. *La responsabilidad es personal*

No cabe pensar que la responsabilidad se diluye por tomar decisiones en un órgano colectivo formado por varias personas. Cada uno responde de sus propias opiniones, aunque la decisión que se tome sea de varios, incluso resultado de una votación. Uno debe asumir su propia responsabilidad, especialmente cuando esa decisión es equivocada y hay que pedir perdón por ella. Me acuerdo de la famosa frase de un político: «El dinero público no es de nadie». Más bien debería haber dicho que *el dinero público es de todos* y todos tenemos una responsabilidad en administrarlo bien. Seguro que lo administraríamos mucho mejor.

Hablaremos en el siguiente capítulo de la libertad, esencial para poder dar cuenta de lo que uno hace. Cada cual es responsable de sus decisiones libres. No vale refugiarse en un órgano colectivo para eludir esa responsabilidad, que será personal, aunque se manifieste en la decisión de un grupo.

Es un peligro que aparece cuando *vienen mal dadas*, o se ha cometido un error por el que hay que disculparse. Tampoco ayuda ponerse de perfil, por pensar que como no han sido consultados, no son responsables del error cometido. Y quizá no les falte razón. Pero una contribución que se podía haber aportado en el proceso de escucha es advertir que esa decisión que se iba a tomar estaba equivocada. Cierto es que a veces no es fácil, sobre todo cuando encontramos organizaciones muy *blindadas*, pero merece la pena romper ese cerco y aprovechar precisamente esos momentos para abrirse a un espíritu de colaboración y de corresponsabilidad.

Lo que no cabe es lavarse las manos, desentenderse de la marcha de las cosas, alegando que uno no tiene capacidad de decisión. Eso es muy cómodo y aboca a las organizaciones, sobre todo a las OMI, al fracaso. Todos colaboran porque todos son responsables y de todos depende que esos fines salgan adelante. Cada uno en su sitio y desempeñando su papel, con un trabajo inteligente y pleno de iniciativas, que lleve a hacer lo mejor posible los trabajos que se proponen.

Un ejemplo puede clarificar esto. Si en una organización baja de un modo vertiginoso el número de afiliaciones o colaboraciones, además de que quienes la dirigen hagan un análisis a fondo de las posibles causas, puede ser muy bueno contar con quienes ya pertenecen a ella para que aporten posibles soluciones a esa caída. Seguramente este simple gesto favorecerá una mayor implicación de todos y una mejora en los resultados.

Todos son responsables sin desviar a los demás, ni siquiera a quienes están al frente de la organización, del peso de los malos resultados. Todos corresponsables porque todos colaboramos y aportamos nuestro *granito de arena* para sacar adelante esa tarea.

5. *Libertad para obedecer*

La obediencia es una demostración de responsabilidad. No podemos fiarnos exclusivamente del propio criterio y es bueno tener la actitud de secundar siempre las decisiones ajenas, incluso aquellas en las que no se ha participado, poniendo todo nuestro interés en sacarlas adelante. Pero para que esto sea así, se requiere un ambiente de libertad verdadera. Y explico el concepto.

No es libre el que actúa por miedo o hace las cosas *de cara a la galería*, para quedar bien y que los demás tengan un buen concepto de su obrar. No es libre el que antes de hacer algo piensa en la opinión de los que mandan antes que en la propia. No es libre quien decide teniendo en cuenta condicionantes externos y piensa: *no va a gustar lo que opine; a partir de ese momento no me van a tomar en consideración o no volverán a preguntarme, o habrá represalias por mi decisión.*

Vemos que la libertad no depende exclusivamente del sujeto que actúa, sino más bien al contrario: son sus superiores quienes deben facilitar que la obediencia en libertad sea posible. Quien condiciona al *buen am-*

biente la libre opinión de los subordinados, o al *espíritu de unidad* (que no se sabe muy bien en qué consiste), o solo busca que *los demás hagan lo que uno quiere*, no permite obedecer en libertad. Me acuerdo que me decía un amigo sacerdote en tono de broma que había elegido ya su lema episcopal por si era nombrado obispo alguna vez: «Haced lo que yo os diga».

Libertad de la buena –podríamos decir–, que permita las opiniones contrarias, las críticas de buen tono que ayuden a encontrar soluciones más acertadas.

Con una formación adecuada se mejora la libertad, porque amplía su marco de actuación, la capacitación de los que toman las decisiones y la eficacia y acierto de las mismas. Ocáriz pone al mismo nivel, y creo que a propósito porque es algo muy propio del carisma del Opus Dei, identidad cristiana, calidad de gestión y servicio a la sociedad. «Conviene favorecer, con acciones específicas, la formación profesional permanente de quienes participan en las tareas de dirección de las labores apostólicas. Se trata de mejorar sus capacidades de gobierno y de dirección de personas y equipos. Una gran responsabilidad reside en el reforzar la identidad cristiana de las labores, la calidad de su gestión y el servicio que ofrecen a la sociedad»[48].

También hay que saber que no se pierde libertad por ser dócil y obediente, sino que se contribuye al bien general, mediante una obediencia inteligente, aportando iniciativa para que las cosas salgan adelante. Con personas a las que todo les parece mal y que se oponen por sistema a todo lo que se decide desde arriba, no se puede trabajar. A veces esto puede estar provocado por la falta de tacto de quienes gobiernan, o por la escasa disposición a obedecer con iniciativa, por parte de los gobernados.

El clima que la cultura de la escucha debe generar es el de la colaboración. «La colegialidad es un arte que no se improvisa: saber escuchar, cambiar de parecer, compartir opiniones, contar con lo mejor que cada persona puede aportar»[49]. Se decide contando con

---

[48] Fernando Ocáriz, *Carta Pastoral de 14 de febrero de 2017*, n. 13.

[49] *Ibidem.*

todos y se obedece con inteligencia, es decir, con sentido común, dando valor diverso a lo contingente o a lo necesario, diferenciando lo intrascendente de lo importante.

Capítulo IV
LA ESCUCHA

1. *Agradecemos que se nos escuche*

Lo primero que deberíamos saber es qué se entiende por escuchar: oír con atención es la definición más corriente. Me parece algo pobre y podríamos añadir algunas notas más.

Una de ellas sería la de *escuchar con intención de aprender*. Que lo que nos dicen, nos interese y busquemos mejorar o modificar nuestra opinión, teniendo en cuenta la de otras personas. Esto requiere humildad, que siempre está presente en el arte de la escucha. Una persona que por lo general no escucha piensa que lo sabe todo y no necesita enriquecer su conocimiento con lo que puedan decir los demás.

Otra nota interesante de la escucha es la valoración que hacemos de quien nos habla. Una valoración que solamente por el hecho de mostrar interés es alta y *hace que el interlocutor se sienta importante con nosotros,* porque se da valor a la persona, además de dársela a lo que piensa o dice.

Hay que procurar *escuchar hasta el final,* dando protagonismo a quien nos habla. Un argumento que está equivocado por falta de datos, o porque su base argumental es errónea, puede servirnos para mejorar el nuestro, explicarlo con una mayor carga argumental e incluso llegar a convencer a quien defiende el contrario.

El *silencio administrativo* o, lo que es lo mismo, dejar sin respuesta la consulta que nos hacen, es por desgracia frecuente, y los directivos y padres de familia deben procurar evitarlo. Cuando uno pregunta o propone algo y nadie le contesta, deja un rastro de desolación y de falta de conexión tremendo. No ser agradecido con las personas que sugieren algo y anular ese deseo de colaboración hace un daño grande a la familia o a la institución y provoca desarraigo en quienes hicieron la propuesta.

A veces sucede que la complejidad de la estructura, muchas veces diseñada a propósito para ese fin, provoca que nadie se responsabilice de tener que contestar a esa pregunta o sugerencia. Es lo que los expertos llaman *institucionalización de las personas*. Las estructuras quedan en un plano superior y la organización se despersonaliza.

Conviene escuchar hasta el final, pero no como requisito necesario para la correcta aprobación de una decisión o de una ley —*oído el Consejo de Estado...*—. Es un deseo de enriquecerse con las ideas de los demás, sin conformarnos con las nuestras, por muy correctas que nos parezcan.

Me parecen muy interesantes las ideas que todo un experto en la materia escribe sobre esta cuestión. Se trata de Michael P. Nichols, conocido orador estadounidense, profesor de Psicología y autor de varias publicaciones, entre ellas, *El arte perdido de escuchar*[50].

---

[50] Cfr. Michael P. Nichols, *El arte perdido de escuchar*, Madrid, Ed. Urano, 1995.

En toda organización, dice, y también en el seno de una organización menor, pero no por ello menos importante, como puede ser una familia, uno de los valores más apreciados es el de la escucha. Cuando uno se sabe escuchado, se siente querido.

En el arte de escuchar hay dos protagonistas: el que habla y el que escucha.

Para el que tiene algo que decir, poder comunicarlo es muy importante, porque si no lo puede llegar a verbalizar, la frustración le invadirá. Imagina que te ha tocado la lotería o que has visto un hecho extraordinario, un incendio impresionante, un accidente o el salvamento *in extremis* de una persona. ¡Qué duro es que no se lo puedas contar a nadie! Esto puede suceder porque no tengas a nadie cercano, o porque aquellos a quienes naturalmente se lo tendrías que comunicar no muestran el más mínimo interés por ello.

La capacidad de comunicación que tenemos los hombres es realmente interesante y no se limita exclusivamente al lenguaje, sino que también nos comunicamos con los gestos, con las actitudes y hasta con la forma de vestir. Es lo que se llama lenguaje corporal.

Tanto quien habla y comunica, como quien es destinatario del mensaje, deben tener una actitud abierta y receptiva, porque no solo escucha quien recibe el mensaje, sino también quien lo comunica. La escucha siempre es bidireccional.

En una familia, escuchar a los hijos, escuchar al marido o a la mujer, escuchar a los demás en general, demuestra que la comunicación es uno de los pilares en los que se basa la convivencia. Cuando funciona, la familia se entiende. Cuando se estropea, aquello se convierte en un desastre.

El otro día me encontré por la calle con una madre que tiene muchos hijos y que estaba dando un paseo con uno de ellos. Como yo iba en coche y no quería interrumpir la conversación, no quise bajarme, y solo me paré a hablar un momento con ella, que me pidió que rezase por su hijo que le acaba de soltar la bomba de que no se sentía querido en casa. Así lo hice y estoy seguro de que el problema ya estará resuelto, pero a esos padres estoy convencido de que se les encendió una luz roja en el *salpicadero familiar* que los llevará a escuchar y estar mucho más atentos no solo con este hijo, sino con todos los demás.

Los modos de hacer consolidados y que el paso del tiempo ha contribuido a calificar de eficaces, pueden dejar de lado la escucha, porque *siempre se han hecho las cosas de una determinada manera y han funcionado*. Nos equivocaríamos si no percibiéramos que las personas son distintas, que pueden tener modos diferentes de ver las cosas y mentalidades que no coinciden con la nuestra. Si dejamos de pedir la opinión, de escuchar los argumentos de los demás sobre cómo llevar a cabo una determinada tarea y aplicamos el rodillo de *que esto siempre se ha hecho así*, perderíamos el valor que aportan los otros con sus ideas y provocaríamos que no se sientan queridos e involucrados en la organización.

En las OMI este aspecto es muy importante, porque el tipo de ideales espirituales y evangelizadores que buscan son más costosos de conseguir que el simple beneficio económico que pueda perseguir una empresa. La *remuneración* se percibe en forma de alegría y felicidad por el fruto logrado por Dios, con nuestra colaboración, que puede tardar en aparecer.

No estamos habituados a escuchar e incluso nos asusta que se abran procesos de escucha, procesos horizontales. Pensamos que esto complica mucho las cosas y no aporta soluciones, cuando en realidad sirve para solucionar lo que de verdad se está haciendo mal o se puede hacer mejor.

En toda organización tiene que haber un continuo proceso de innovación. Quien se aferre a un inmovilismo, corre el riesgo de quedarse atrás. Hay que perder el miedo a cambiar y sobre todo a establecer cauces de innovación permanente, de solución de conflictos, de actualización de métodos y de renovación de medios para lograrlo.

El tiempo transcurre muy deprisa y cuando uno quiere cambiar las cosas, otro ha venido antes y se nos ha adelantado, o lo que teníamos pensado hacer ya no sirve porque se ha quedado obsoleto. Si contamos con el instrumento de la escucha, todos los procesos permanecerán abiertos, los cambios no supondrán una revolución y estaremos en la vanguardia intentando hacer las cosas del mejor modo posible. Quien piense que no tiene que mejorar ni actualizarse se equivoca.

El modo de educar puede ser más autoritario cuando los hijos son pequeños y no requerir muchas explicaciones o dar razones muy sencillas porque enseguida se convence a un pequeño. A medida que van creciendo, como los padres no se acostumbren a dialogar de todo con los hijos, será más difícil que les confíen su intimidad.

Sin miedo a escuchar pero sin que uno tampoco se considere a sí mismo como si encarnara el oráculo de Delfos[51], en posesión de la

---

[51] El oráculo de Delfos, situado en un gran recinto sagrado consagrado al dios Apolo, fue uno de los principales oráculos de la Antigua Grecia. Estaba ubicado en el valle del Pleisto, junto al monte Parnaso, cerca de la actual villa de Delfos, en Fócida (Grecia), a 700 m sobre el nivel del mar y muy cerca del golfo de Corinto. Una tradición indica que un pastor observó cómo sus cabras se comportaban de un modo extraño cuando se aproximaban a una grieta de donde surgían vapores. Después, el pastor se acercó a ese mismo lugar y empezó a profetizar. Cuando la noticia se extendió, muchas otras personas llegaron al lugar para realizar también profecías, pero a menudo durante el trance saltaban a la grieta y desaparecían por ella. Por eso se decidió nombrar a una mujer para que profetizara por todos, a la que construyeron un trípode para que estuviera segura. Los que deseaban hacer una consulta, tenían una entrevista con ella unos días antes del oráculo. El oráculo se celebraba un día al mes, pero en invierno no había oráculo, porque se creía que Apolo en esa época

verdad absoluta, la interpretación adecuada del criterio o pensar que nadie encarna mejor un espíritu o los ideales de una organización. Esto supondría partir de una actitud soberbia, engreída e ignorante, que impediría aprender.

Quienes no escuchan piensan que hacerlo es una muestra de vulnerabilidad. Buscan la seguridad en el inmovilismo, con una concepción vertical de las decisiones, y para nada tienen en cuenta la horizontalidad que podría enriquecerlos. El padre que cree perder la autoridad; el responsable de una empresa que no hace sino dar órdenes a sus empleados que deben hacer las cosas como él ha previsto; un párroco que nunca pregunta a su vicario o a los laicos que colaboran en la iglesia, son ejemplos de cómo cerramos la puerta a lo que nos puedan aportar los demás.

Uno de los principios de la Teología ecuménica es el de escuchar a los que no tienen

---

viajaba al país de los hiperbóreos. Los días de consulta, la Pitia se purificaba y realizaba ofrendas a Apolo. Después, los sacerdotes vertían agua fría sobre una cabra. Si esta tiritaba, era una señal de que Apolo estaba receptivo a las consultas. Entonces se realizaba el sacrificio de la cabra en el altar de Apolo.

la misma fe o la viven de diferente manera, para descubrir los rasgos de verdad que hay en su pensamiento y caminar juntos hacia ella. «La Iglesia católica no solo quiere orientar y ayudar a los demás, también quiere aprender de ellos»[52]. Y como decía san Juan Pablo II, «lo que une es más grande de cuanto nos divide. (...) Existen las bases para un diálogo, para la ampliación del espacio de la unidad, que debe caminar parejo con la superación de las divisiones, en gran medida consecuencia de la convicción de poseer en exclusiva la verdad»[53].

Agradecemos que se nos escuche y nos enriquece mucho hacerlo, porque el aislamiento en las propias ideas paraliza.

2. Importancia del contexto

El mayor obstáculo en la transmisión de un mensaje es ponernos a hablar sin antes haber escuchado a quienes queremos comunicar nuestra propuesta. Lo más habitual es que

---

[52] Jutta Burggraf, *Fomentar la unidad. Teología y tareas ecuménicas*, BAC, Madrid 2021, pág. 18.

[53] S. Juan Pablo II, *Cruzando el umbral de la esperanza*, pág. 153.

lleguemos con nuestro mensaje o con nuestra experiencia, pero sin la disposición de escuchar a la persona a la que nos vamos a dirigir, para conocer en qué situación se encuentra, cuáles son sus deseos e intereses, sus sufrimientos y alegrías... Aunque conozcamos sus necesidades, no debemos descartar que esa persona necesite ser escuchada.

Para que la escucha sirva, hay que conocer bien el contexto de las personas a las que se dirige el mensaje. Por contexto entendemos las circunstancias que envuelven aquello que queremos hacer o sobre lo que queremos informar, y las personas con las que estamos estableciendo esa comunicación, su entorno y sus circunstancias personales, lo que nos permitirá conocer mejor su pensamiento.

Un ejemplo lo explica muy bien. Si en una empresa se toma la decisión de cambiar el producto que se pone en el mercado para mejorarlo, habrá que consultar a los posibles clientes y hacer el oportuno estudio de mercado. Un colegio que toma la decisión de quitar los libros para enseñar con una *tablet* es evidente que debe informar antes a los padres a quienes les afecta esa decisión, no solo por su impacto económico, sino también por el cambio que implica en el modo de educar.

Hay decisiones que en un momento determinado son válidas y luego dejan de serlo. No es que todo deba cambiar por el simple paso del tiempo, pero forma parte del contexto saber adecuarse al momento.

Contextualizar supone también conocer las diferencias locales de nuestras decisiones. Cuando se toma una decisión para un lugar determinado que debe después aplicarse en otro, quizá las circunstancias y hasta la misma decisión deba ser distinta. Si una empresa paga el mismo sueldo a trabajadores que trabajan en ciudades con diferente coste de la vida, el salario para ser justo deberá adecuarse a las circunstancias concretas del lugar.

Es también contexto el nivel de comprensión y de información de los receptores de un mensaje que hace que las explicaciones de las decisiones que se adopten sean diferentes, para adecuarse al modo de entenderlas de quienes son sus destinatarios.

3. ¿Por qué cuesta tanto escuchar?

Estamos *habituados a no hacerlo*. Por nuestro modo de ser, por la idiosincrasia de nuestra tierra, nos cuesta escuchar con paciencia a los demás. Pero hay más razones. *Nos escuchamos a nosotros mismos* a todas horas, incluso con el eco de pensar cómo habrán caído mis palabras en los demás. Uno que se escucha a sí mismo es imposible que escuche a los demás, que muestre interés por lo que puedan decir o puedan pensar los otros.

Hay que facilitar el diálogo, pedir la opinión, hacer habitual el cambio de impresiones. Esto no solo es un protocolo que se incorpora a una organización, sino que se manifiesta en los gestos y en las actitudes de quienes toman las decisiones, que procuran mirar a la cara a aquellos a quienes sirven con su trabajo de gobierno y buscan la aceptación de sus decisiones sin imponerlas a la fuerza.

Escuchar no consiste en ver el modo de hacer valer los argumentos que fundamentan las decisiones: esta no es una actitud de escucha, sino es buscar la mejor solución enriqueciendo las propias razones con las de los demás, que muchas veces serán contrarias a las nuestras.

No está de moda escuchar, entre otras cosas, porque *el individualismo* atroz que se vive en nuestra época nos lleva a querer quedar por encima, para realzar nuestra autoridad y despreciar a quien es inferior. Esto provoca que no se compartan los datos, que no se dé información suficiente a los dirigidos para que no les puedan contradecir. Esa falta de transparencia lleva aparejado que se pueda tergiversar la información o incluso utilizar la mentira como un instrumento de gobierno.

Una organización que escucha a sus miembros fomenta que se sientan a gusto en el seno de esta, porque participan en sus decisiones y tienen un cauce de comunicación fluido, esencial en toda agrupación de personas. Se demuestra así que la empatía de quienes llevan las riendas de una institución y el conocimiento de las circunstancias y opiniones de los demás ayudan a que sean mejores.

La actitud de una persona que se estrena en un cargo de responsabilidad debe ser la de dar continuidad al que lo ocupaba hasta entonces. Escuchar a los que van a dirigir es también una buena medida de prudencia cuando uno está recién llegado al cargo. Con este modo de hacer no hay ruptura y se da estabilidad a la labor de gobierno. Más adelante ya vendrán los propios principios e ideas que el neófito en el cargo quiera aportar, pero lo primero es el conocimiento de los asuntos y continuar la trayectoria de quienes han trabajado en ese mismo puesto anteriormente.

La manera de tomar las decisiones también influye. *En casa yo decido las vacaciones*, por ejemplo, *y vamos a la montaña porque nos gusta más a todos.* Si nunca hemos preguntado lo que piensan los demás y descubrimos por casualidad que la gran ilusión de tu mujer o de tu esposo es ir al mar, la comunicación no se puede decir que forme parte de la vida de esa familia, al menos en las decisiones importantes.

Se provoca la desafección de los demás y a los que gobiernan les hace vivir fuera de la realidad. Con el paso del tiempo se genera un doble modo de hacer las cosas: uno real y otro ficticio, de cara a la galería. Hay un *gap* grande que aleja a los gobernantes de la realidad y una distancia enorme entre lo que se dice que se hace y lo que realmente sucede.

La distancia entre gobernantes y gobernados, cuanto más se acorte, ayudará a que se generen vínculos entre unos y otros que facilitarán la tarea de gobierno.

La obsolescencia de los modos de hacer, que como siempre se han hecho de una determinada manera, cuando se dilata el tiempo de permanencia de las mismas personas en los cargos de gobierno, contribuye a que el gobierno pierda capacidad de ejecución.

4. *Comunicar mejor*

Lo primero que aconsejan los expertos es no aliarse con las prisas. Las decisiones tomadas *in fretta* (de prisa) suelen ser precipitadas e insuficientes, ya que cuando se trata de cuestiones importantes hay que mirar mucho los pros y los contras; escuchar a todos y no decidir por cuenta propia. A veces, la *vía rápida* puede no ser la mejor.

Es probable que además de mejorar en nuestra tarea de gobierno necesitemos mejorar nuestra comunicación. No solo comunicamos hacia abajo –desde los órganos directivos a los dirigidos–, sino que también es necesario hacerlo hacia arriba –desde la base hasta los órganos directivos–. Comunicación vertical y horizontal, entre los miembros de una misma organización.

Enumero algunas cualidades para una buena comunicación.

- En primer lugar, la transparencia. Ocultar información denotaría desconfianza. La comunicación completa, donde se cuenta todo, siempre es eficaz y sirve. Cuando se dicen medias verdades, lo que se está contando son medias mentiras. Explicar las razones, las causas y las posibles consecuencias de las decisiones que se tomen. Dar toda la información, pero no ocasionalmente, sino de manera habitual. Cuando una organización decide ser transparente, no se puede titubear ni dar marcha atrás.

- Comunicar por los cauces adecuados y comprobar que la información llega a los destinatarios. Ya dijimos las cosas, pero si la gente no se entera… Contar con buenos instrumentos de comunicación interna y externa es esencial. Si no se llega a las personas a las que queremos dirigir el mensaje, el esfuerzo es inútil.

- Rapidez, aunque sin prisas, para hacer llegar la información que se requiere en el momento justo y responder con prontitud a los problemas que se plantean. Hay que dar a tiempo los datos necesarios, para no dejar asuntos sin resolver.

- Los expertos hablan de pedir permiso antes de comunicar algo personal. No entrar en la intimidad de una persona sin su consentimiento. Provocaría malestar y se generaría un ambiente de desconfianza. Nunca se deben utilizar en el ámbito de gobierno aspectos de la vida de las personas que pertenezcan a su ámbito de intimidad.

- También aconsejan emplear el tono adecuado para comunicar, las formas correctas, evitar las regañinas con un componente personal: esto además a mí me fastidia. Comunicamos bien siendo ecuánimes, teniendo empatía, conociendo las circunstancias de los demás, preparando antes el terreno.

Comunicar es un arte y un buen comunicador puede ser un buen gobernante, o el buen gobernante, un buen comunicador. Las dos facetas van unidas cuando se busca la excelencia.

La información, aunque sea excesiva, nunca es dañina. Lo que produce males peores es la desinformación. Y más entre los miembros de la propia organización, a quienes, si les ocultamos el mensaje, les estamos diciendo indirectamente que no cuentan en el organigrama de nuestra institución. Una buena política de comunicación en una empresa es la que hace de sus dirigentes y empleados los mejores comunicadores.

5. *Escucha y liderazgo*

La transparencia y la *escucha explicativa* –escuchar lo que te dicen y explicar lo que decides– fortalecen la unidad. En una institución en la que se comunican bien las cosas, se escucha la opinión de todos y se explican las decisiones que se toman, no hay lugar para chismorreos ni murmuraciones.

Cuando se cuida la escucha, el trabajo en equipo es equilibrado. Los miembros de la organización se habitúan al intercambio de pareceres y se dejan de lado imposiciones y argumentos de autoridad que de forma autárquica algunos quieren imponer. Se trabaja mejor cuando se escucha a los demás.

Otra consecuencia de la escucha que afecta al liderazgo es que se genera una mayor cercanía por parte de quienes mandan, evitando gobernar con miedo o distanciamiento con los gobernados, que de manera natural colaboran con ellos y asumen las decisiones tomadas por los que mandan. Se refuerza su liderazgo y se fomenta su cercanía.

No tenemos por qué hacer todo lo que se sugiere, pero cuando preguntamos una opinión hay que responder siempre y justificar nuestra respuesta, especialmente cuando es contraria a lo que se nos propone. Cuanto más diferente sea la decisión de la propuesta, más se debe justificar. Y no basta con esto, sino que hay que dejar abierta la posibilidad de que la respuesta que se da pueda cambiar en el futuro. Y si son muchos los que han opinado en contrario, con mayor motivo.

Hay que poder hablar y comentar las determinaciones que se tomen, teniendo en cuenta la opinión de aquellos a los que esa decisión va a afectar. Unos órganos directivos que no lo permitieran se convertirían en autoritarios y estarían traicionando, en el caso de las OMI, el carisma que dicen defender. Esto forma parte de la cultura de la escucha. Conviene impulsar un estilo de gobierno en el que se fomente la unidad, en el que nadie es más que nadie, más acorde con los tiempos.

Tampoco la buena intención de quien decide es razón suficiente para que justifique la ausencia de la escucha y de la información. Pensemos, por ejemplo, en el traslado o cambio de la sede de un centro educativo o de formación, por parte de una red de colegios. Lógicamente, quienes trabajan en ese lugar han de ser preguntados y no sirve imponer unilateralmente la opinión de quienes tienen que tomar la decisión de su traslado, sin tener en cuenta lo que piensan quienes trabajan allí. Se provocaría un malestar considerable entre esos trabajadores y, muy probablemente, esa decisión afectaría al rendimiento de quienes hacen posible la marcha de la empresa educativa.

Este modo de hacer se ha de aplicar a todos los estamentos de la organización, con transversalidad. Una organización que no ha incorporado la escucha a sus mecanismos de decisión es menos ágil, porque no es capaz de salir al paso enseguida a los problemas que se puedan presentar.

Sin liderazgo, la institución deambula como un barco sin timón, aparecen muchas grietas en su funcionamiento ordinario y muchos problemas que no se resuelven van horadando su eficacia. Cuando los líderes están habituados a escuchar, se resuelven con rapidez y eficacia las dificultades, se proponen nuevos horizontes, hay mayor colaboración entre todos y se trabaja mucho mejor.

6. *Si cada uno hiciera lo que le toca...*

Y no se trata de un asunto menor... Nos encanta hablar de lo que hacen mal o no hacen los demás. Juzgamos, pensamos e incluso afirmamos que nosotros lo haríamos mejor. No nos cortamos un pelo criticando actuaciones ajenas. E incluso hay políticos o gobernantes que dedican todo su empeño a evitar que los demás hagan lo que les corresponde y dedican todo su esfuerzo a poner todo tipo de trabas para que no lo lleven a cabo: *ni hacen ni dejan hacer*[54], frase que Jesús ya dedicó a los fariseos, quejándose de su mala actitud.

Si cada uno se dedicase a hacer lo que le corresponde, seríamos más eficientes, más humildes, miraríamos más cómo hacer mejor las cosas y no nos enzarzaríamos en discusiones inútiles y estériles.

El amplio campo de las sugerencias no consiste en inmiscuirse en las responsabilidades de los demás. No podemos estar continuamente juzgando el trabajo ajeno, sino que debemos examinarnos sobre cómo hacemos el nuestro. Aprenderíamos de lo que vemos que otros hacen bien, en lugar de estar comparándonos con ellos a todas horas. No podemos confundir la escucha con estar metiendo las narices continuamente en la actividad del prójimo. Cada uno tiene que velar por la parcela que se le ha encomendado,

---

[54] Cfr. *Mt* 23, 13.

mirando antes cómo hacemos lo nuestro en lugar de criticar lo que hacen o dejan de hacer los demás.

Además, en cuanto a lo que sugerimos para los demás, nadie tiene la obligación de escuchar todo lo que se nos ocurre, mientras que nosotros sí que tenemos el deber de hacer bien lo que nos corresponde. La profesionalidad en nuestro trabajo o en nuestras tareas es esencial para que haya armonía en la sociedad, en la familia, en una OMI. No se trata de que cada uno vaya a lo suyo, sino de que *cada palo aguante su vela*, como diríamos en argot marinero.

El trabajo bien hecho es el mejor modo de contribuir al bien de todos y de colaborar con el trabajo de los demás. Será una siembra de buen ejemplo, que facilitará que los demás trabajen a gusto con nosotros, y contagie ese estilo de sacar adelante la propia labor, con profesionalidad y humildad, que no busca dar lecciones a nadie.

DIEZ BREVES
CONCLUSIONES

- La primera es que necesitamos escuchar más y dar menos vueltas a nuestras propias ideas. Esto no quiere decir que no haya que tener pensamiento crítico propio, pero deberá ser siempre constructivo, aportando soluciones a los problemas que se quieren resolver.

- El diálogo es esencial para la buena marcha de las organizaciones. No un *diálogo de escaparate*, *para la galería,* sino un intercambio verdadero de pareceres y pensamientos diversos que ayudan a llegar a un mejor conocimiento de la realidad. Para que el diálogo sea fructífero, es esencial escuchar al otro con la intención de aprender, no de contradecir, con deseo de atender a sus razones y no de rebatirlas. Quien piense que está en posesión de la verdad y no necesita escuchar a los demás empobrece mucho su razonamiento, dificulta el gobierno e impide la renovación de sus planteamientos con ideas novedosas.

- La base para el diálogo y la escucha es la humildad. Y el modelo de humanidad es Jesucristo, que escucha a todos, a los que atiende hasta el final, que deja hablar al prójimo sin interrumpir sus discursos, por muy errados que sean. Lo vemos en sus diálogos con la mujer samaritana, con Zaqueo, con Pilato, con la hemorroísa…

- Este hábito de la escucha que mejora el gobierno se debe practicar a todos los niveles. Desde la familia, en el que la escucha es esencial para formar en libertad, hasta el ámbito empresarial de organizaciones más complejas, o en organizaciones de tipo carismático o espiritual, cuyos fines son superiores y delicados porque afectan a la intimidad de las personas.

- Escuchar requiere el esfuerzo de poner en práctica e incorporar lo que te dicen, aunque sea muy contrario a lo que te parece que se debería hacer, y abrirse a que, en el futuro, las cosas se puedan hacer de otra manera, muy distinta a como tú las llevarías a cabo.

- La crítica, si es constructiva, delicada y humilde, es un mecanismo muy eficaz para el gobierno, porque ayuda a mejorar y contribuye a que los gobernados se sientan implicados en sacar adelante a la organización. Todos los mecanismos de gobierno deben estar configurados de tal modo que permitan escuchar a todos los implicados, atender las peticiones, agradecer y fomentar que nos sugieran.

- Gobernamos para servir a los demás y por eso nunca puede ser bueno perpetuarse en esos trabajos, aunque se acumule la experiencia, que no lo es todo. La renovación de quienes ejercen puestos de responsabilidad enriquece el gobierno y aporta savia nueva, nuevos modos de hacer, que son muy necesarios. El gobierno gana en confianza y llega con mucha más incisividad y eficacia a cada uno de los problemas que tiene que afrontar, y se adecua mejor a los tiempos.

- No somos mejores por ocupar puestos de responsabilidad en una organización, ni podemos sentirnos superiores al resto. La humildad nos llevará a querer aprender de todos, prestando ese servicio de gobierno con cercanía y deseo de aprender.

- Habrá que mejorar la transparencia, para evitar el alejamiento de las personas, fomentar su responsabilidad y rechazar posibles abusos de poder. Ser valiente en esta tarea sin dejar pasar ninguna oportunidad de informar y de incluir la escucha en los sistemas de decisión, por insignificantes que parezcan.

- Por último, no se pueden tomar decisiones que afectan a aspectos importantes de una organización sin tener en cuenta la opinión de las personas a las que les afecta, máxime cuando se trata de cuestiones que afectan a su intimidad. Actitudes como esta generarían desconfianza y desvirtuarían la tarea de gobierno, que debe concebirse siempre como un servicio hecho con honestidad, humildad y sentido profesional, que busca lo mejor para aquellos a los que sirve.

Espero que estas páginas ayuden a quienes ocupen puestos de responsabilidad a realizar mejor esa tarea. La escucha forma parte del arte del buen gobierno. Cuando un gobernante sabe escuchar sirve mejor a los que gobierna, no se desvincula de la realidad y hace de su trabajo un servicio a la sociedad.

Madrid, 10 de octubre de 2023